Vincent Caradec

SOCIOLOGIE DE LA VIEILLESSE ET DU VIEILLISSEMENT

2e édition

ARMAND COLIN

Dans la même collection :

Série « L'Enquête et ses méthodes » :

Arborio Anne-Marie, Fournier Pierre, *L'Observation directe* (2e édition).
Bertaux Daniel, *Le Récit de vie* (2e édition).
Blanchet Alain, Gotman Anne, *L'Entretien* (2e édition).
Copans Jean, *L'Enquête ethnologique de terrain.*
Duchesne Sophie, Haegel Florence, *L'Entretien collectif.*
Kaufmann Jean-Claude, *L'Entretien compréhensif* (2e édition).
Martin Olivier, *L'Analyse de données quantitatives.*
Singly François de, *Le Questionnaire* (2e édition).

Série « Domaines et approches des sciences sociales »

Adam Philippe, Herzlich Claudine, *Sociologie de la maladie et de la médecine.*
Avenel Cyprien, *Sociologie des « quartiers sensibles »* (2e édition).
Berger Laurent, *Les Nouvelles Ethnologies.*
Bobineau Olivier, Tank Sébastien, *Sociologie des religions.*
Bozon Michel, *Sociologie de la sexualité.*
Bresson Maryse, *Sociologie de la précarité.*
Copans Jean, *Introduction à l'ethnologie et à l'anthropologie* (2e édition).
Copans Jean, *Développement mondial et mutations des sociétés contemporaines.*
Corcuff Philippe, *Les Grands Penseurs de la politique* (2e édition).
Corcuff Philippe, *Les Nouvelles Sociologies* (2e édition).
Cusset Pierre-Yves, *Le Lien social.*
Darmon Muriel, *La Socialisation.*
Duret Pascal, Roussel Peggy, *Le Corps et ses sociologies.*
Ethis Emmanuel, *Sociologie du cinéma et de ses publics.*
Fleury Laurent, *Sociologie de la culture et des pratiques culturelles.*
Grafmeyer Yves, *Sociologie urbaine.*
Heilbrunn Benoît, *La Consommation et ses sociologies.*
Lafaye Claudette, *Sociologie des organisations.*
Laplantine François, *La Description ethnographique.*
Lascoumes Pierre, Le Galès Patrick, *Sociologie de l'action publique.*
Martin Olivier, *Sociologie des sciences.*
Munoz-Dardé Véronique, *Rawls et la Justice sociale.*
Queiroz Jean-Manuel de, *L'École et ses sociologies* (2e édition).
Rollet Catherine, *Introduction à la démographie* (2e édition).
Segalen Martine, *Rites et Rituels contemporains.*
Singly François de, *Sociologie de la famille contemporaine* (2e édition).
Stroobants Marcelle, *Sociologie du travail* (2e édition).

Série « Préparation aux examens et concours »

Herzlich Claudine, *Réussir sa thèse en sciences sociales.*

Vincent Caradec, professeur de sociologie à l'Université de Lille 3, est l'auteur de *Vieillir après la retraite*, PUF, 2004.

Conception de maquette intérieure : Atelier Didier Thimonier

ISBN : 978-2-200-35339-1
Internet : http:/www.armand-colin.com

Sommaire

Introduction

Il n'est pas facile de définir la vieillesse, la notion évoquant une série de termes qui se confondent, se recouvrent ou s'opposent : personnes âgées, vieillards, troisième âge, quatrième âge, aînés, retraités, seniors, etc. Il n'est guère plus simple d'en déterminer le seuil : la catégorie statistique des « personnes âgées » le fixe à 60 ans, mais bien des sexagénaires refuseraient un tel classement.

Il est une certitude, cependant : au cours du XXe siècle, la vieillesse s'est profondément transformée. Tout d'abord, elle est devenue une étape normale de l'existence, que chacun s'attend à vivre et que la majorité des individus connaissent. Par ailleurs, la mise en place des systèmes de sécurité sociale en a fait le temps de la retraite et cette période de la vie s'est considérablement allongée : en France, en 1950, un homme pouvait espérer vivre une douzaine d'années lorsqu'il prenait, à 65 ans, sa retraite alors qu'aujourd'hui l'espérance de vie à 60 ans est supérieure à vingt ans pour un homme et à vingt-cinq ans pour une femme.

Un domaine d'étude récent de la sociologie

Les sociologues ne se sont intéressés que tardivement à la vieillesse. En effet, l'âge est périphérique par rapport aux préoccupations originelles de la sociologie, qui émerge comme une interrogation sur les conséquences des révolutions industrielle et démocratique de la fin du XVIIIe siècle. Par ailleurs, l'*homo sociologicus* a été défini avant tout par son appartenance sociale et l'âge a été considéré comme une caractéristique secondaire : « la jeunesse n'est qu'un mot » écrit Bourdieu dans une formule qui pourrait tout aussi bien s'appliquer à la vieillesse et qui vise à rappeler que les regroupements fondés sur l'âge ne doivent pas masquer les différences sociales. L'âge a encore souffert d'un dernier handicap : caractéristique individuelle ancrée dans la réalité biologique, il est apparu comme trop peu « social » et a été négligé par la sociologie naissante, soucieuse de délimiter son territoire disciplinaire.

Au cours des quarante dernières années, la vieillesse et le vieillissement sont devenus des objets d'étude pour le sociologue car ces différents obstacles ont été progressivement levés. Tout d'abord, les centres d'intérêt de la sociologie se sont diversifiés alors que l'augmentation de la population âgée et sa désignation comme catégorie cible des politiques publiques ont attiré l'attention sur ce groupe d'âge et suscité des demandes de connaissance. Ensuite, la vision d'une société structurée en classes sociales s'est faite moins prégnante : les sociologues considèrent plus volontiers aujourd'hui que l'appartenance sociale n'est pas la seule caractéristique individuelle qui mérite d'être prise en compte. Enfin, après avoir longtemps privilégié l'analyse des faits sociaux et des structures sociales, la sociologie française s'est ouverte aux études microsociologiques, rendant ainsi possibles les recherches sur le vieillissement individuel.

Quelques distinctions conceptuelles

Pour avancer dans l'analyse sociologique de la vieillesse et rendre compte des travaux réalisés dans ce champ de recherche, il est nécessaire de procéder à quelques distinctions conceptuelles. On peut, pour les présenter, s'inspirer du schéma analytique proposé dans le cadre de la théorie de la stratification selon l'âge[1].

- La société est organisée en *strates d'âge*, qui constituent le découpage social de l'existence en *âges de la vie* (d'autres perspectives théoriques ou d'autres auteurs préférant parler de *cycle de vie* ou encore de *parcours de vie*).
- Les individus nés au cours d'une même période forment une *cohorte*. Le concept de *génération*, parfois employé comme synonyme de cohorte,

1. M. Riley, A. Foner, J. Waring, « Sociology of age », *in* N. Smelser (ed), *Handbook of Sociology*, Newbury Park, Sage, 1988.

sous-entend, dans sa définition la plus ambitieuse, le partage d'une même vision du monde du fait d'une socialisation commune.

- Lorsque les individus avancent en âge, ils progressent dans la succession des strates d'âge : c'est le processus de *vieillissement*.
- Enfin, lorsqu'une cohorte donnée se trouve dans une strate d'âge donnée, nous proposons de parler de *groupe d'âge*. Ainsi, les « personnes âgées » constituent un groupe d'âge puisque la catégorie regroupe un ensemble de personnes qui partagent une même position dans le découpage des âges et qui appartiennent aux mêmes cohortes.

Les trois objets de la sociologie de la vieillesse et du vieillissement

On peut s'appuyer sur cette armature analytique pour distinguer trois objets d'étude pour la sociologie de la vieillesse et du vieillissement : la strate d'âge de la vieillesse, le groupe d'âge des « personnes âgées » et le processus de vieillissement individuel.

- L'étude de la strate d'âge de la vieillesse s'intéresse à la construction sociale de cet âge de la vie, aux représentations sociales qui lui sont associées ainsi qu'à la mise en forme des rapports entre générations.
- L'étude des « personnes âgées » consiste en une description de ce groupe d'âge. Elle conduit à s'interroger sur sa spécificité, sur son homogénéité et sur son éventuelle mobilisation politique.
- L'étude du vieillissement individuel se situe au niveau microsociologique et s'interroge sur les transformations du rapport au monde au cours de l'avancée en âge, depuis la retraite jusqu'à la mort.[1]

---

1. Je remercie vivement Françoise Rault et Jacques Rodriguez pour leurs critiques très stimulantes.

1

La construction sociale de la vieillesse

Constater que la vieillesse constitue un « âge de la vie » n'est pas suffisant pour le sociologue : il lui faut en analyser la construction sociale. Il est alors amené à inscrire l'apparition de la retraite dans le mouvement d'institutionnalisation du cours de la vie qui caractérise la modernité (1), à examiner comment des catégories nouvelles comme celles de « troisième âge », de « personnes âgées dépendantes » ou de « seniors » ont été inventées (2), à étudier les représentations sociales de la vieillesse et à voir comment elles ont évolué (3), à analyser enfin comment se trouvent mis en forme les rapports entre générations (4).

1. L'invention de la retraite

1.1 L'institutionnalisation du cours de la vie

Dans un article dans lequel il s'efforce de dépasser le formalisme de la théorie de la stratification selon l'âge, Martin Kohli propose de définir le *parcours de vie* comme une institution sociale *i.e.* comme un « ensemble de règles qui ordonnent une dimension fondamentale de l'existence »[1]. Sa thèse est que la modernisation qu'ont connue les pays occidentaux au cours des trois derniers siècles s'est accompagnée d'une *institutionnalisation du cours de la vie* : l'âge chronologique est devenu plus prégnant dans la définition des

1. M. Kohli, "The world we forgot: a historical review of the life course", *in* V. Marshall (ed.), *Later life. The social psychology of aging*, Beverly Hills, Sage, 1986.

étapes de l'existence, ce qui a entraîné une *normalisation* du parcours de vie, repérable par exemple dans la moindre dispersion des âges au moment du mariage ou de la fin d'activité. Cette évolution est liée à la place centrale désormais occupée par le travail salarié et à la partition de l'existence en trois étapes qui a été progressivement mise en forme par le système scolaire et les systèmes de retraite : une phase de préparation au travail, une période d'activité et une phase de retraite. Par ailleurs, la normalisation du cours de la vie a participé d'une nouvelle forme de régulation sociale, davantage centrée sur l'individu et adaptée à une société dans laquelle celui-ci ne se trouve plus défini par ses appartenances locales et familiales mais où il lui faut exister par lui-même et faire de sa vie une réalisation personnelle.

Ce mouvement d'institutionnalisation du cours de la vie a constitué, selon Martin Kohli, une réponse à quatre problèmes structurels des sociétés modernes :

- Il a contribué à la *rationalisation* des organisations, qui doivent gérer leur personnel selon des critères simples et objectifs et souhaitent ne pas prendre en charge les temps non productifs de la vie, ainsi qu'à la rationalisation des vies individuelles puisque chacun doit, pour gérer son existence, pouvoir se projeter dans un avenir prévisible. Parallèlement l'âge est devenu un critère de connaissance et de gestion des populations.
- Il a facilité un nouveau type de *contrôle social*, désormais plus individualisé, passant par la normalisation temporelle de l'existence et par la promesse faite au travailleur discipliné que ses vieux jours seront pris en charge grâce aux systèmes de retraite.
- Il a permis d'organiser la *succession* des flux d'individus : des règles d'ancienneté sont venues réguler les marchés internes du travail et la sortie définitive du marché du travail s'est trouvée définie et gérée par les systèmes de retraite.
- Il a concouru à l'*intégration* des divers domaines de l'existence : la normalisation du parcours de vie a permis à chaque individu de synchroniser les temporalités des sphères du travail et de la vie familiale, désormais moins étroitement interdépendantes qu'elles ne l'étaient dans les sociétés prémodernes.

Ainsi, les systèmes de retraite ont joué un rôle essentiel dans l'institutionnalisation du cours de la vie. Reprenant un concept introduit par l'historien Edward P. Thompson, Martin Kohli montre qu'ils sont au fondement de l'*économie morale* des sociétés modernes : en organisant une « juste récompense du travail », en instituant une solidarité publique entre les générations au niveau national, en transformant les individus modernes en « citoyens sociaux », ils ont jeté les bases de normes nouvelles de réciprocité, constituant ainsi une pièce maîtresse du nouvel ordre social.

1.2 La naissance des retraites et des retraités

L'explication structurelle proposée par Martin Kohli peut être précisée et illustrée en étudiant la mise en place des systèmes de retraite nationaux. Nous nous limiterons ici au cas de la France. Puis nous nous interrogerons sur le nouvel ensemble de la population qui s'est ainsi trouvé défini : les retraités.

• *L'apparition des retraites en France*

Quand faire commencer l'histoire des retraites ? On sait que la retraite existait avant la mise en place des systèmes de retraite : des actes notariaux témoignent de ce que les paysans cédaient parfois de leur vivant leur terre à leurs enfants, qui s'engageaient alors par contrat à prendre leurs parents en charge. Par ailleurs, l'État français a octroyé dès la fin de l'Ancien Régime des pensions de vieillesse à ses anciens soldats. Cependant, c'est au XIXe siècle, au moment où a commencé à se poser la question des formes de sécurité adaptées à la société industrielle, que s'est véritablement engagée l'histoire des retraites modernes.

Cette histoire est d'abord celle de l'idée de retraite. À la fin du XIXe siècle, la conception de la retraite comme récompense pour les services rendus à la société à travers une vie de travail a pris le pas sur la conception selon laquelle il s'agit d'une forme de protection contre l'invalidité[1]. Dès lors, et conformé-

1. B. Renard, « Une vieillesse républicaine? », *Sociétés Contemporaines*, n° 10, 1992, p. 9-22.

ment au mouvement de chronologisation de l'existence décrit par Martin Kohli, l'âge en est venu à être considéré pour lui-même et non plus seulement comme un symptôme d'incapacité physique.

Cette histoire est aussi celle de la construction de la vieillesse comme problème social et de l'élaboration de solutions politiques à ce problème[1]. Au cours du XIXe siècle, la diffusion de la figure du vieux prolétaire usé et déchu a contribué à l'identification du « problème social » de la vieillesse et à son inscription sur l'agenda politique. Les solutions envisagées se sont déplacées, puisant tout d'abord dans l'idéologie libérale et sa morale de la responsabilité individuelle avant de trouver de nouveaux fondements dans le solidarisme, doctrine articulée autour des notions de responsabilité collective et de solidarité. À partir des années 1890, cette conception favorable à l'intervention de l'État a inspiré les élites dirigeantes et a conduit à l'adoption de la loi d'assistance aux vieillards de 1905, puis de la loi d'assurance sociale de 1910 sur les retraites ouvrières et paysannes.

Cette histoire est, enfin, celle des relations entre trois acteurs sociaux : le mouvement ouvrier, le patronat et l'État. Anne-Marie Guillemard[2] montre que la formation du droit social à la retraite, qui a constitué l'enjeu principal des politiques de la vieillesse jusque dans les années 1960, a résulté d'une mise en forme par l'État de compromis successifs entre patronat et classe ouvrière. Au cours de la seconde partie du XIXe, en effet, les initiatives en matière de retraite se sont multipliées et on a assisté à un lent rapprochement entre stratégies patronales et revendications ouvrières :

- les grands patrons, notamment dans la métallurgie et dans le textile, ont développé des caisses de retraite dans un but de gestion de la main-d'œuvre. Ils ont cherché à stabiliser et à discipliner les ouvriers, en luttant notamment contre la mobilité et l'autonomie des « sublimes » et à accroître la productivité en facilitant le remplacement des travailleurs âgés ;

1. B. Dumons, G. Pollet, *L'Etat et les retraites*, Paris, Belin, 1994; B. Dumons, G. Pollet, « Aux origines du système français de retraite », *Sociétés Contemporaines*, n° 24, 1995, p. 11-39.
2. A.-M. Guillemard, *Le déclin du social. Formation et crise des politiques de la vieillesse*, Paris, PUF, 1986.

– le mouvement ouvrier a initialement été divisé sur la question des retraites. Les mineurs ont réclamé et obtenu, dès la fin du XIXe siècle, un système de retraites obligatoires contrôlé par l'État, alors qu'en 1910 la CGT était encore opposée à une loi sur les retraites et dénonçait « les retraites pour les morts » et une « gigantesque escroquerie capitaliste ». Cependant, la revendication d'un « droit au repos » s'est progressivement affirmée, de même que le désir d'échapper à l'arbitraire de la gestion patronale des caisses par un transfert de responsabilité vers l'État.

Un compromis entre le patronat et le mouvement ouvrier est ainsi devenu possible et s'est trouvé mis en forme par l'État dans les lois successives de 1910, 1930 et 1945 :

– la loi de 1910 a procédé à une première généralisation du droit à la retraite, pour les travailleurs en dessous d'un certain seuil de salaire, en retenant un principe d'obligation des cotisations. Le bilan a été mitigé : les assurés furent beaucoup moins nombreux que prévu du fait de difficultés d'application et du scepticisme de la population et, à la veille de la Première Guerre mondiale, moins du quart des 60 ans et plus touchaient une pension, qui plus est dérisoire. Bruno Dumons et Gilles Pollet considèrent cependant que cette loi a inauguré « une dynamique assurantielle à caractère obligatoire » et « a pu jouer un rôle d'acculturation important en vulgarisant ce nouveau statut social » ;

– en 1930, la discussion et le vote de la loi sur les Assurances sociales ont démontré que l'idée d'assurance vieillesse avait fait son chemin, tant dans le mouvement ouvrier que chez les patrons. La loi, qui concernait toujours les bas salaires, prévoyait le versement de cotisations assez faibles et la pension à taux plein devait intervenir après trente années de cotisation, soit à partir de 1960. Aussi, comme le remarque Anne-Marie Guillemard, « vieillesse et retraite sont des situations qui sont encore loin de se superposer. Le sort des vieillards continue de reposer sur l'assistance ou la prolongation de l'activité » ;

– en 1945, l'instauration d'un régime général des retraites dans le cadre de la Sécurité Sociale s'est déroulée dans un contexte marqué par la puissance du mouvement ouvrier et la perméabilité de l'État à ses revendications. Les principes retenus (système de répartition, principe de redistribution, organisation unifiée et gestion syndicale de la Sécurité Sociale) étaient conformes aux positions de la CGT, qui a pris une part active à la mise en place du système. La nouvelle conjoncture sociopolitique qui s'est fait jour en 1947, moins favorable à la CGT, explique que le système se soit finalement fragmenté avec, d'une part, la création de régimes spéciaux pour les travailleurs indépendants et, d'autre part, le développement des régimes complémentaires.

• ***Retraité : une nouvelle catégorie, un nouveau statut***

Avec les pensions de retraite, une nouvelle catégorie a vu le jour : celle de retraité[1]. On en repère la trace sur les listes électorales du début du siècle : très peu nombreux, les retraités étaient alors principalement d'anciens fonctionnaires civils ou militaires. Ce n'est que lentement que la catégorie a acquis consistance statistique et visibilité sociale : dans les recensements de la Belle Époque, les « retraités » étaient regroupés avec les « rentiers » ; à la fin des années 1930, ceux qui touchaient une pension de retraite ne représentaient que le quart de la population âgée et il n'était pas rare que ces pensionnés aient repris un travail. En fait, il a fallu attendre la montée en puissance des régimes de retraite mis en place après la Seconde Guerre mondiale pour que la vieillesse devienne véritablement le temps de la retraite et que les « vieillards » se transforment en « retraités ».

1.3 Les enjeux contemporains de la retraite

Aujourd'hui, en France comme dans la plupart des pays industrialisés, la retraite réapparaît sur l'agenda politique à travers une double question : celle des fins de carrière et celle de la réforme des systèmes de retraite. Au-delà de ces enjeux, qu'il convient de replacer dans le contexte qui leur donne forme, les évolutions récentes amènent à s'interroger sur une possible désinstitutionnalisation du cours de la vie.

---

1. B. Dumons, G. Pollet, « Le retraité, une identité sociale nouvelle? », *Ethnologie française*, XXIV, n° 4, 1994, p. 790-799.

• *La question des salariés âgés*

À partir du début des années 1970, s'est établi progressivement un large consensus quant au bien-fondé des sorties anticipées du marché du travail[1] : le départ des salariés âgés a constitué, pour les pouvoirs publics, un moyen de lutter contre le chômage des jeunes ; les entreprises y ont vu une manière de diminuer leurs effectifs et de rajeunir leur pyramide des âges, et donc de réduire leurs coûts salariaux ; les syndicats ont cherché à la fois à promouvoir le « droit au repos » des salariés et à défendre l'emploi, convaincus qu'« il vaut mieux un préretraité qu'un chômeur » ; les salariés ont bientôt calé leurs aspirations sur les possibilités nouvelles de départ précoce.

De multiples dispositifs ont alors été mis en place pour organiser ces sorties anticipées, qui se résument à trois « voies institutionnelles » – le chômage, l'invalidité et les préretraites – utilisées diversement selon les contextes nationaux[2] : la France a privilégié l'assurance chômage et les préretraites alors que les Pays-Bas ont eu recours aux trois voies institutionnelles, et plus particulièrement à l'assurance invalidité. On a ainsi assisté à une restructuration des systèmes de protection sociale, les assurances chômage et invalidité, et non plus seulement l'assurance vieillesse, prenant désormais en charge les salariés sortis définitivement du marché du travail. Et, dans plusieurs pays, les salariés passant directement du statut d'actif à celui de retraité sont devenus minoritaires, les autres transitant par des statuts hybrides.

Les années 1990 et 2000 ont été marquées, en France, par la contradiction croissante entre deux tendances. D'un côté, des mesures ont été prises, qui ont réduit l'accès aux dispositifs publics de préretraite et renchéri le licenciement des salariés quinquagénaires (contribution Delalande), le but étant de prolonger la vie professionnelle afin de se conformer aux objectifs fixés au niveau européen (qui prévoient un taux d'emploi de 50 % pour les 55-64 ans à l'horizon 2010) et d'assurer l'équilibre financier des régimes de retraite. Dans le même temps, et à l'inverse, la tendance au retrait précoce a perduré :

1. A.-M. Guillemard, *op. cit.*; X. Gaullier, *Les Temps de la vie*, Paris, Esprit, 1999.
2. A.-M. Guillemard, « Emploi, protection sociale et cycle de vie », *Sociologie du travail*, n° 3, 1993, p. 257-284.

de nouveaux dispositifs ont été créés (comme l'Allocation de remplacement pour l'emploi, en 1995, ou des mesures ciblées de préretraite, en 2000) et on a assisté au transfert vers le chômage, les congés longue maladie, l'invalidité, et même la retraite anticipée (suite à une disposition de la loi Fillon de 2003 autorisant le départ avant 60 ans des salariés ayant effectué de longues carrières) des flux auparavant orientés vers les préretraites. Aussi, contrairement à la Finlande et aux Pays-Bas, la France n'est-elle pas parvenue à augmenter sensiblement le taux d'emploi des 55-64 ans. Elle demeure enfermée dans une « culture de la sortie précoce », à l'inverse de pays comme la Suède ou le Japon dans lesquels il existe un consensus autour du maintien des salariés âgés sur le marché du travail et qui se caractérisent par une « culture du droit au travail à tout âge »[1]. En France, les pouvoirs publics peinent à renoncer à des mesures de gestion segmentée des âges et à adopter une « gestion de la diversité des âges » centrée sur la sécurisation et l'accompagnement des trajectoires individuelles. La question de « l'emploi des seniors », comme on l'appelle désormais, demeure donc posée et elle l'est avec d'autant plus d'acuité que la remontée du taux d'emploi des salariés âgés est nécessaire à l'équilibre financier des systèmes de retraite.

• *La réforme des retraites*

Préparée, en France, par une série de rapports qui, à partir du début des années 1990, se sont inquiétés des conséquences des évolutions démographiques (allongement de la durée de la vie et arrivée à l'âge de la retraite, à partir de 2006, des cohortes du baby-boom, plus nombreuses que celles entrant sur le marché du travail) sur le financement des retraites, la réforme s'est opérée en plusieurs temps. Tout d'abord, le plan Balladur de 1993 a réformé les retraites de base des salariés du privé en augmentant la durée de cotisation nécessaire pour obtenir une pension à taux plein (de 37,5 ans à 40 ans) et en modifiant le mode de calcul des pensions, désormais moins favorable (calcul sur les vingt-cinq – et non plus les dix – meilleures années ; indexation des pensions sur les prix et non plus sur les salaires bruts). Puis, après l'échec du plan Juppé (1995), de nouveaux rapports et, surtout, la création par Lionel

---

1. A.-M. Guillemard, *L'Âge de l'emploi. Les sociétés à l'épreuve du vieillissement*, Paris, Armand Colin, 2003.

Jospin, en 2000, du Conseil d'orientation des retraites (COR), organe consultatif constitué d'experts et de représentants des partenaires sociaux, ont ouvert la voie à la réforme de 2003. Cette réforme, élaborée par François Fillon, a adopté le principe d'une durée de cotisation équivalente entre le public et le privé (entraînant donc une augmentation de la durée de cotisation pour les fonctionnaires) et prévu un allongement progressif, à partir de 2009, de la durée de cotisation au-delà de 40 ans. Il a aussi instauré un système de décote (pour dissuader les départs précoces) et de surcote (pour inciter au maintien dans l'activité au-delà de 60 ans) et encouragé, avec la création du Plan d'épargne retraite populaire (PERP), l'épargne retraite individualisée.

Ces réformes, qui s'inscrivent dans un contexte marqué, au-delà du vieillissement démographique, par une concurrence économique accrue et une plus forte intégration des marchés financiers, touchent l'ensemble des pays occidentaux. Elles tendent à faire évoluer les systèmes existants afin de les rapprocher du modèle promu par des institutions internationales comme la Banque Mondiale, organisée autour de trois piliers[1]. L'idée, en effet, est de permettre le développement, au-delà d'un premier pilier public et minimal et d'un deuxième pilier obligatoire et restreint, d'un troisième pilier, privé et facultatif, fondé sur l'épargne volontaire. Il s'agit aussi d'accroître la place du financement par capitalisation (au détriment de la répartition) et de resserrer les liens – la « correspondance actuarielle » – entre cotisations versées et pensions reçues. C'est la dimension collective des systèmes de retraite qui se trouve ainsi fragilisée.

• *Vers une désinstitutionnalisation du cours de la vie ?*

Les évolutions de ces quarante dernières années ont profondément transformé les modalités du passage à la retraite, au point que l'on peut se demander quel a été leur impact sur la structuration du parcours de vie. Sur ce point, les interprétations divergent[2].

1. B.Palier, *La Réforme des retraites*, Paris, PUF, 2003.
2. *Time for Retirement*, Cambridge, Cambrige University Press, 1991; A.-M. Guillemard, *L'Âge de l'emploi, op. cit.*

Martin Kohli et Martin Rein considèrent que les évolutions récentes infléchissent le processus d'institutionnalisation du cours de la vie sans le remettre véritablement en cause. Selon eux, la transition vers la retraite est certes plus longue et moins clairement tranchée qu'autrefois, mais le statut de retraité demeure et les critères d'âge continuent à en définir l'accès, si bien que la tripartition du parcours de vie n'est pas fondamentalement affectée. Cette tripartition est même devenue plus prégnante pour les femmes puisqu'elles ont accru leur participation au marché du travail. En fin de compte, pour ces auteurs, les changements récents constituent un « bricolage institutionnel » ayant permis de préserver l'essentiel de la structuration sociale du parcours de vie tout en l'individualisant davantage et en la rendant, de ce fait, plus incertaine et plus ouverte.

De son côté, Anne-Marie Guillemard considère que ces changements contribuent à une décomposition de l'organisation ternaire du cycle de vie qui était au cœur de la société industrielle salariale. Elle voit se dessiner un mouvement de *désinstitutionnalisation* du parcours de vie, le critère de l'âge chronologique reculant au profit de critères fonctionnels qui reposent sur une évaluation des capacités individuelles : par exemple, pour l'attribution des assurances invalidité, c'est le critère de « l'inemployabilité » qui se trouve utilisé. Aussi, l'âge auquel survient la sortie définitive du marché du travail présente-t-il désormais de plus grandes variations interindividuelles, inversant le mouvement antérieur et provoquant une *déstandardisation* des trajectoires individuelles, plus diverses, plus complexes et plus incertaines, tendance que pourraient renforcer les nouvelles règles qui encadrent désormais la transition vers la retraite et qui ont introduit des marges de choix (comme le système de décote/surcote en France ou, de manière plus radicale, celui de retraite « à la carte » en Suède). Parallèlement, on assiste à un phénomène de déspécialisation des âges qui, selon Anne-Marie Guillemard, doit conduire à une renégociation du contrat entre les générations afin de répartir autrement les temps de travail, de formation et d'inactivité indemnisée sur l'ensemble de l'existence.

2. De nouvelles catégorisations de la vieillesse

Une fois les « vieux » devenus des « retraités », plusieurs innovations sémantiques sont venues découper ce nouvel ensemble et en redéfinir les frontières : le « troisième âge », les « personnes âgées dépendantes » et, plus récemment, les « seniors ».

2.1 L'invention du « troisième âge »

Le terme de « troisième âge » a connu une large diffusion au cours des années 1970 : c'est alors que se sont développés les clubs, les universités, ou encore les voyages pour le troisième âge. Véhiculant une éthique activiste de la retraite, ce vocable nouveau s'est trouvé défini en opposition à la vieillesse, le « troisième âge » aspirant à être une nouvelle jeunesse. Différents acteurs ont contribué à l'émergence de cette catégorie.

Tout d'abord, la politique française de la vieillesse s'est structurée dans les années 1960-1975, sous l'impulsion de l'État gaulliste, autour d'un nouvel enjeu : le mode de vie des personnes âgées[1]. Le rapport Laroque, publié en 1962, a fixé les grandes lignes de cette orientation nouvelle en mettant l'accent sur « l'insertion des personnes âgées dans la société » et en prônant le développement d'un ensemble de services et d'équipements pour faciliter le maintien à domicile : amélioration du logement, création de services d'aides ménagères, mise en place de clubs de loisirs afin de lutter contre l'isolement et l'inactivité. La politique ainsi esquissée a été triplement novatrice. Tout d'abord, elle a déplacé l'orientation principale de la politique de la vieillesse du terrain économique vers le terrain social. Ensuite, elle a concerné l'ensemble des personnes âgées et non plus seulement les « économiquement faibles » comme c'était le cas auparavant avec les mesures d'assistance. Enfin, elle a contribué à définir une nouvelle manière d'être âgé, celle du « troisième âge ». En effet, si les recommandations du rapport Laroque n'ont été suivies qu'avec retard et de façon partielle, son apport essentiel a consisté à légitimer une conception nouvelle de la vieillesse, en phase avec les pratiques émer-

1. A.-M. Guillemard, *Le Déclin du social*, *op. cit.*

gentes des retraités des couches moyennes salariées et en germe dans une série d'initiatives locales. Divers acteurs sociaux locaux ont trouvé dans cette conception un écho à leurs convictions ou un moyen de faire valoir leurs intérêts : c'est l'alliance entre ces « innovateurs périphériques », comme les appelle Anne-Marie Guillemard, et l'État qui a conduit à la diffusion de la nouvelle image, activiste, du « troisième âge ». La politique du mode de vie a d'ailleurs été relayée plus ou moins efficacement selon la mobilisation de ces acteurs locaux et leur capacité à constituer des réseaux d'alliances. À cet égard, les municipalités ont joué un rôle moteur, orienté par ce que Catherine Gucher[1] appelle l'« esprit de la commune », c'est-à-dire le système de valeurs dont est porteuse chaque équipe municipale et qui fonde sa conception de la vieillesse.

Les caisses de retraites complémentaires ont également joué un rôle important dans la diffusion du nouvel art de vivre à la retraite associé au « troisième âge »[2]. Ces caisses se sont en effet trouvées en concurrence pour la collecte et la gestion de fonds très importants et en expansion rapide. Aussi ont-elles développé, par l'intermédiaire de leur fonds d'action sociale, divers services qui leur ont servi d'arguments dans la conquête de nouveaux marchés : des sessions de préparation à la retraite, l'ouverture de centres de vacances, l'organisation de croisières, etc. Elles ont ainsi contribué puissamment à diffuser la représentation du « troisième âge » comme temps de loisirs.

L'apparition du « troisième âge » a aussi été rendue possible par la nouvelle donne des rapports entre générations. Les mécanismes de reproduction reposant de moins en moins sur la transmission directe d'un patrimoine familial, une « inversion des rapports de force entre générations » a eu lieu. Elle s'est traduite par une valorisation de l'autonomie entre parents âgés et enfants adultes, les plus âgés se refusant désormais à « être une charge » pour leurs enfants. La prise en charge de la vieillesse par des institutions autres que la famille s'en est trouvée facilitée, les unes offrant des loisirs au « troisième âge », d'autres assurant l'hébergement des plus âgés. De la même manière, on

1. C. Gucher, *L'action gérontologique municipale*, Paris, L'Harmattan, 1998.
2. R. Lenoir, « L'invention du "troisième âge" », *Actes de la recherche en sciences sociales*, n° 26-27, 1979, p. 57-82.

peut voir dans le succès rencontré par les clubs du troisième âge dans le monde rural, au début des années 1970, un symptôme d'une « transformation plus générale de l'économie des échanges entre générations »[1]. En effet, le développement des régimes de retraite et les mesures prises pour moderniser l'agriculture française, comme l'Indemnité viagère de départ incitant les agriculteurs âgés à prendre leur retraite et à céder leur exploitation, ont transformé « le père patriarche en vieux désœuvré », pour reprendre une formule d'Henri Mendras. Les clubs du troisième âge ont alors procuré une occupation aux « paysans retraités », figures nouvelles du monde rural, en même temps qu'ils ont structuré une sociabilité qui ne se trouvait plus soutenue par les solidarités villageoises traditionnelles.

Même si elle continue à être utilisée, la catégorie de « troisième âge » paraît aujourd'hui en perte de vitesse : son image de jeunesse et de dynamisme semble avoir été captée par la catégorie des « seniors » et les clubs du troisième âge font désormais office de repoussoir pour les retraités les plus jeunes. Parallèlement, la politique du mode de vie a connu plusieurs inflexions : à partir des années 1970, elle a perdu de son dynamisme et a été gagnée par des préoccupations gestionnaires ; au cours des années 1980 et 1990, elle s'est focalisée sur une cible particulière, les « personnes âgées dépendantes » ; elle semble cependant susciter, aujourd'hui, un nouvel intérêt dont témoigne, par exemple, le programme « Bien vieillir », initié en 2003 et orienté vers la prévention de la dépendance.

2.2 La « vieillesse dépendante » : émergence d'une catégorie, naissance d'une politique

En se définissant contre la vieillesse, le « troisième âge » a implicitement laissé de côté la partie la plus âgée de la population. Un temps baptisé « quatrième âge », cet ensemble a bientôt été identifié aux « personnes âgées dépendantes », destinataires d'un nouveau dispositif de politique sociale.

---

1. P. Champagne, « Jeunes agriculteurs et vieux paysans », *Actes de la recherche en sciences sociales*, n° 26-27, 1979, p. 83-107.

• *Émergence et succès d'une catégorie nouvelle*

Ce sont les médecins gériatres qui, dans les années 1970, délaissant les termes d'invalidité et de handicap, ont parlé les premiers de « dépendance »[1] à propos des déficiences physiques des personnes âgées, puis ont entrepris de créer des outils destinés à l'évaluer. Les rapports officiels, qui se sont succédé dans les années 1980 et 1990, puis le vote des lois sur la dépendance de 1997 et 2001, ont ensuite contribué à la diffusion et de légitimation de la catégorie, les textes législatifs officialisant d'ailleurs un outil d'évaluation mis en place par les gériatres, la grille Aggir. La « dépendance » est ainsi devenue une notion juridique fondant l'action sociale et propre aux personnes âgées, le terme de « handicap » étant désormais réservé aux moins de 60 ans. Parallèlement, la catégorie de « personnes âgées dépendantes » s'est diffusée dans les médias et a fait l'objet d'évaluations statistiques, elles-mêmes fondées sur la grille Aggir. S'est ainsi imposée une vision de la grande vieillesse d'inspiration biomédicale, qui véhicule une image déficitaire de cet âge de la vie, appréhende la dépendance comme un état nécessitant un besoin d'aide (et non comme une relation sociale) et assimile la « dépendance » à la « perte d'autonomie »[2].

Pour rendre compte de l'émergence de la « dépendance » des personnes âgées comme nouveau risque social, il est possible de prendre davantage de recul historique et d'y voir une conséquence des transformations de l'hôpital[3]. La vocation médicale de l'hôpital s'est, en effet, progressivement affirmée au détriment de la fonction d'hébergement des indigents qu'il avait à l'origine. Il s'est ainsi dissocié de l'hospice, dont la disparition a été programmée par la loi du 30 juin 1975. Les personnes âgées dont l'état de santé ne nécessitait pas des soins de haute technicité ont ainsi été « rejetées hors-les-murs » de l'hôpital médicalisé. Les soins de *nursing* se sont alors trouvés « externalisés » vers les structures d'hébergement pour personnes âgées, qui ont ouvert des sections de cure médicale, et vers le domicile, pour

1. B. Ennuyer, *Les Malentendus de la dépendance*, Paris, Dunod, 2002.
2. Pour une critique de cet usage de la notion de dépendance, cf. le paragraphe 4.3 du chapitre 2.
3. C. Attias-Donfut, « Dépendance des personnes âgées: pourvoyance familiale et pourvoyance sociale », *Revue française des affaires sociales*, n° 4, 1993, p. 33-51.

lequel des services de soins infirmiers ont été créés. C'est ainsi que les pouvoirs publics ont été amenés à assurer la prise en charge de cette population, désormais rassemblée dans la catégorie des « personnes âgées dépendantes ».

• *La politique de la vieillesse à l'heure de la dépendance*

Avec le financement des retraites et la question de l'emploi des seniors, la dépendance constitue désormais l'un des principaux enjeux de la politique de la vieillesse.

Au niveau national, une allocation spécifique pour les personnes âgées dépendantes, réservée aux plus de 60 ans, la Prestation spécifique dépendance (PSD), a été créée en 1997, puis réformée en 2001 pour devenir l'Allocation personnalisée d'autonomie (APA). Cette allocation s'est substituée aux prestations qui étaient auparavant versées, d'une part, par les départements (Allocation compensatrice pour tierce personne et, pour les bénéficiaires du minimum vieillesse, aide ménagère légale) et, d'autre part, par les caisses de sécurité sociale au titre de leur action sociale (aide ménagère dite extralégale). Plusieurs faits méritent d'être notés[1]. Tout d'abord, ces lois entérinent le choix d'une gestion décentralisée de la dépendance et d'un pilotage par les Conseils généraux – choix que n'a pas remis en cause la création, en 2004, après l'épisode de la canicule, de la Caisse nationale de solidarité pour l'autonomie (CNSA), chargée de reverser aux départements les ressources nouvelles affectées à la dépendance, notamment celles provenant de la suppression d'un jour férié. Ensuite, cette allocation est caractéristique d'un mode de gestion individualisé, et non plus standardisé comme c'était le cas pour l'ACTP, des prestations sociales : son montant est défini après une évaluation du degré de dépendance par une équipe médico-sociale, qui se rend au domicile de la personne et établit également un « plan d'aide » personnalisé. Enfin, si la PSD constituait une prestation d'aide sociale (versée sous conditions de ressources et donnant lieu à récupération sur succession),

1. T. Frinault, « Des procédures automatiques aux nouveaux modes de gestion individualisée: les recompositions de l'action gérontologique départementale », *Revue française des affaires sociales*, n° 3, 2005, p. 33-54.

l'APA se présente, quant à elle, comme une prestation hybride, puisqu'elle est universelle, mais fortement modulée en fonction des revenus, selon un mécanisme de ticket modérateur, qui varie de 0 à 90 %. Destinée, en outre, à une population plus large que ne l'était la PSD (elle concerne non seulement les personnes « très » dépendantes – celles qui sont classées dans les Groupes Iso-Ressources 1 à 3 –, mais aussi les personnes « modérément » dépendantes – classées en GIR 4), l'APA a connu un succès rapide et comptait, en 2007, plus d'un million de bénéficiaires, alors que la PSD plafonnait, fin 2001, à 148 000 bénéficiaires. Enfin, la question se pose du rapprochement de la politique de la dépendance et de celle du handicap qui, toutes deux, sont désormais placées sous la responsabilité des Conseils généraux et supposent la mise en place de plans d'aide personnalisés, la loi sur l'APA ayant désormais son pendant dans la loi sur le handicap du 11 février 2005, qui a créé une prestation de compensation du handicap – plus généreuse que l'APA – et qui prévoit la suppression du seuil d'âge de 60 ans à l'horizon 2010.

Même si le cadre en est défini au niveau national, c'est au niveau local que prend forme aujourd'hui l'action gérontologique. Les départements en sont bien sûr des acteurs majeurs compte tenu des compétences qui leur sont dévolues : gestion de l'APA, planification de l'action gérontologique ou encore, depuis la loi du 13 août 2004, responsabilité des CLIC (Centres Locaux d'Information et de Coordination). Si, dans les premiers temps de la décentralisation, les départements ont avant tout cherché à maîtriser l'évolution de leurs dépenses sociales[1], ils se sont ensuite engagés dans des démarches d'animation partenariale, organisant la concertation pour définir les nouveaux schémas gérontologiques et encourageant la coordination des acteurs sur les territoires. Il convient également de souligner le rôle d'autres acteurs, professionnels du secteur gérontologique et, de plus en plus fréquemment, professionnels d'autres secteurs (habitat, transports, santé, etc.) qui en viennent à s'intéresser au vieillissement à travers une démarche de développement local et, souvent, dans une optique de décloisonnement des âges, débordant ainsi la seule problématique de la dépendance. En s'orga-

1. D. Argoud, *Politique de la vieillesse et décentralisation*, Toulouse, Eres, 1998; D. Argoud, « Les politiques de la vieillesse: bilan de vingt ans de décentralisation », *Sociologie Santé*, n° 23, 2006.

nisant en réseaux, ils parviennent à mettre en place des projets innovants qui concernent, par exemple, la coordination des interventions, la création de structures d'hébergement de petite taille ou encore la promotion des liens sociaux intergénérationnels.

Un autre acteur important de la politique de la dépendance, le secteur de l'aide à domicile, qui s'était structuré, dans les années 1960 et 1970, autour de services prestataires d'aide-ménagère financés principalement par les fonds d'action sociale des caisses de retraite et par l'aide sociale, a connu, à partir de la fin des années 1980, de profondes transformations[1]. Ce secteur s'est, en effet, trouvé « percuté » par les politiques de l'emploi, qui ont entrepris d'exploiter le « gisement » des emplois familiaux en réduisant leur coût pour les particuliers. Aussi existe-t-il aujourd'hui, à côté des anciens services *prestataires* des solutions concurrentes moins onéreuses : l'emploi *direct* (encore appelé *de gré à gré*) ou les services *mandataires*, qui jouent un rôle d'intermédiaire en plaçant des salariés auprès des personnes âgées qui en sont, d'un point de vue légal, les employeurs. Face à cette offre plurielle, chaque Conseil Général doit définir une politique tarifaire pour les plans d'aide définis dans le cadre de l'Apa et arbitrer entre un financement de l'aide à domicile au coût de l'emploi direct ou au coût, plus élevé, des services prestataires. Ces derniers, qui sont entrés officiellement dans le champ de l'action sociale et médico-sociale depuis la loi du 2 janvier 2002, ont des prix de revient d'autant plus élevés qu'ils ont ouvert, au cours des dernières années, plusieurs chantiers : ils ont entrepris un effort de professionnalisation en signant un accord de branche en 2002, qui prévoit une augmentation du nombre d'aides à domicile diplômées du Certificat d'aptitude aux fonctions d'aide à domicile (CAFAD) ou du nouveau Diplôme d'État d'auxiliaire de vie sociale (DEAVS) et la revalorisation de leur salaire ; ils ont mis en place des démarches qualité ; ils se sont engagés dans une dynamique de structuration en participant à la création d'« enseignes nationales » impulsées par la loi Borloo du 26 juillet 2005 relative au développement des services à la personne – ce qui renforce, en même temps, la logique concurrentielle.

1. B. Ennuyer, *Repenser le maintien à domicile*, Paris, Dunod, 2006; L. Causse, C. Fournier, C. Labruyère, *Les Aides à domicile*, Paris, Syros, 1998.

2.3 L'éclosion des « seniors »

Si l'histoire de l'émergence de la catégorie des « seniors » reste à faire, il est possible d'en poser quelques jalons. Une étude de l'occurrence du terme dans le journal *Le Monde* permet d'observer qu'au début des années 1990, il était utilisé avec des guillemets pour qualifier les médias destinés à la partie âgée de la population (presse « senior », radio « senior »). Puis, il est apparu dans des articles se faisant l'écho d'actions commerciales visant explicitement ce public. Ainsi, contrairement aux catégories de « troisième âge » et de « personnes âgées dépendantes », nées dans la mouvance de la politique de la vieillesse, c'est du monde du marketing que proviennent les « seniors ».

Perdant ensuite de plus en plus souvent ses guillemets, le terme a connu un rapide succès et s'est imposé pour désigner les personnes de 50 ans et plus (selon la définition retenue par le dictionnaire), mais aussi parfois les 60 ans et plus (comme pour la « carte senior » de la SNCF), ou encore les 55 ans et plus, voire les 45 ans et plus (quand on focalise le regard sur les salariés âgés). Ce succès doit d'ailleurs beaucoup au flou de la notion ainsi qu'à son ambiguïté, sur laquelle a joué le Senior marketing : elle se trouve associée à la partie la plus jeune, la plus dynamique et financièrement la plus à l'aise de la population âgée et, dans le même temps, elle prétend recouvrir l'ensemble des personnes de plus de 50 ans – ce qui constitue un énorme marché potentiel.

L'usage du terme « seniors » est aujourd'hui tellement répandu qu'il en vient parfois à concurrencer celui de « personnes âgées » et à s'y substituer : c'est le cas lorsqu'une municipalité présente ses actions gérontologiques comme étant destinées aux seniors, ou lorsque l'Insee dénomme « seniors » les 60 ans et plus qu'elle qualifiait auparavant de « personnes âgées ». Dans d'autres cas, et à l'inverse, les deux termes sont utilisés comme antonymes, les jeunes seniors dynamiques étant alors définis par opposition aux « vieilles » personnes âgées.

3. Les représentations de la vieillesse

L'étude de la construction sociale de la vieillesse suppose que l'on s'intéresse aux représentations qui lui sont associées et à leur évolution. Il faut se garder, cependant, d'une conception trop monolithique de ces représentations. Tout d'abord, l'ambivalence est au fondement de notre imaginaire de la vieillesse[1]. Ensuite, l'image de la vieillesse peut ne pas être la même dans les différents domaines de la vie sociale : la vieillesse des traités de médecine n'est pas celle mise en scène par la publicité ; les salariés jugés trop âgés pour produire sont, en même temps, présentés comme de fringants seniors. Enfin, les orientations successives des politiques de la vieillesse ont diffusé des représentations contradictoires qui, comme l'écrit Anne-Marie Guillemard, « brouillent la signification sociale de cet âge de la vie ».

3.1 Deux inflexions dans les représentations de la vieillesse

Deux moments d'inflexion dans les représentations de la vieillesse sont repérables, l'un au XVIIIe siècle, l'autre au XIXe siècle.

Tout d'abord, au cours du XVIIIe siècle, les images positives de la vieillesse sont devenues plus nombreuses : au « temps du pessimisme », celui des XVIe et XVIIe siècles, a succédé le « temps de l'optimisme »[2]. David Troyansky observe que la représentation picturale des vieillards s'est faite plus sympathique et que le thème littéraire du barbon, vieil homme amoureux et ridicule, s'est effacé au profit d'une vision plus respectueuse des personnages âgés. Il note encore que la conception « augustinienne » de la vieillesse, invitant au retrait du monde et à la méditation, a cédé la place à la conception « cicéronienne », prônant au contraire le maintien dans le monde et une activité poursuivie jusqu'au terme de la vie. L'explication de ces changements n'est pas aisée, cependant, car se mêlent des facteurs démographi-

1. J. Trincaz, « Les fondements imaginaires de la vieillesse dans la pensée occidentale », *L'Homme*, n° 147, 1998, p. 167-189.
2. J.-P. Bois, *Histoire de la vieillesse*, Paris, PUF, 1994; D. Troyansky *Miroirs de la vieillesse… en France au siècle des Lumières*, Paris, Eshel, 1992.

ques comme la baisse de la mortalité et l'augmentation de la population âgée et des facteurs culturels tels que la sécularisation, l'attention plus grande portée aux individus et, de façon plus générale, l'évolution des mentalités qui se produit au siècle des Lumières.

Au cours du XIXe siècle, à côté de cette vision optimiste qui a perduré, s'est fait jour un discours beaucoup moins favorable. Il est perceptible dans les romans réalistes, ceux de Balzac ou de Zola notamment. Il l'est aussi dans les premières enquêtes sociales, qui ont souligné la misère des vieux ouvriers et contribué à construire la vieillesse ouvrière comme problème social. Patrice Bourdelais[1] s'est attaché à décrire cette inversion de tendance dans deux domaines : la gériatrie et la démographie :

- l'approche médicale de la vieillesse s'est développée, au cours du XIXe siècle, sous l'effet conjugué de l'essor de l'observation clinique, de l'augmentation du nombre de personnes âgées et du rassemblement des vieillards dans certains hôpitaux. Cependant, en multipliant les descriptions de dégradations physiques liées à l'âge, la gériatrie a participé à l'éclosion d'une image plus pessimiste de la vieillesse. Celle-ci lui a d'ailleurs été fatale puisque cette spécialité médicale a connu un déclin important au début du XXe siècle ;
- par ailleurs, une inflexion dans l'interprétation des données démographiques a eu lieu à la fin du XIXe siècle : alors qu'avant 1886, le constat de l'augmentation de la part des « vieillards » (les 60 ans et plus) dans la population suscitait des commentaires qui se félicitaient des progrès de la longévité, les propos se sont faits ensuite moins enthousiastes et ont commencé à établir une relation entre l'accroissement de la part des vieillards et la baisse de la natalité. Ce rapprochement a trouvé une traduction dans la notion de *vieillissement de la population*, introduite par Alfred Sauvy en 1928. Les natalistes s'en sont aussitôt saisis et ont fait du thème du vieillissement leur cheval de bataille : sous-entendant l'idée d'un affaiblissement économique et social de la nation, le discours sur le vieillissement de la population est devenu le principal argument de leur

1. P. Bourdelais, *L'Âge de la vieillesse*, Paris, Odile Jacob, 1993.

« pédagogie de l'inquiétude » et il a contribué à installer durablement dans les esprits l'idée que la vieillesse est une décadence individuelle et collective.

3.2 Les deux pôles imaginaires de la vieillesse contemporaine

Les guides de santé et les dictionnaires du XVIIe siècle distinguaient deux temps dans la vieillesse : la vieillesse « verde » et l'« âge décrépit ». De la même façon, des proverbes de la seconde moitié du XIXe siècle relatifs au corps montrent qu'il existait alors deux vieillesses[1] : la « vieillesse en santé », qui devait certes se ménager et se garder de toute passion, mais était bien intégrée et bénéficiait d'une réputation de sagesse (« le vieillard sait parce qu'il a vu et entendu ») et la « vieillesse invalide », marquée par la déchéance et qui annonçait la mort (« le vieillard perd tout » énonce un autre dicton).

Les représentations contemporaines de la vieillesse se trouvent également organisées autour de deux pôles. Le premier présente l'image du retraité actif, qui profite de l'existence tout en se montrant utile à ses proches et à la société. Le second est occupé par la « personne âgée dépendante », rivée à son fauteuil, souffrant de solitude et n'attendant plus que la mort. Ces deux pôles imaginaires renvoient à la partition de la vieillesse en deux phases, celle du « troisième âge » ou, désormais, des « seniors » et celle du « quatrième âge » ou de la « dépendance ». La première ayant été définie comme négation de la vieillesse, prolongement de la vie adulte et temps d'accomplissement de soi, c'est logiquement la seconde qui est aujourd'hui considérée comme la « vraie vieillesse ». Ainsi, lorsqu'on interroge de jeunes adultes sur ce qu'évoque pour eux le terme « vieillesse », leurs réponses ne correspondent pas à la « vieillesse épanouie », autonome et active, mais plutôt à la « vieillesse ingrate »[2]. Ils décrivent cependant plus souvent des pertes physiques ou un isolement relationnel que des défaillances psychiques, indiquant même que la vieillesse se caractérise par des ressources morales et spirituelles comme de

---

1. F. Loux, « Vieux et jeunes dans la société rurale française à la fin du XIXe siècle », *in* A.-E. Imhof (sd), *Le Vieillissement*, Lyon, Presses universitaires de Lyon, 1982.
2. C. Hummel, « La tête et les jambes. Représentations de la vieillesse chez les jeunes adultes », *Prévenir*, n° 35, 1998, p. 15-22.

l'expérience ou de la sagesse. La vieillesse démente apparaît ainsi peu présente dans les résultats de cette enquête – réalisée avant que la maladie d'Alzheimer ne gagne en visibilité médiatique et ne devienne une préoccupation politique.

Les représentations donnent une image partielle, et donc déformée, de la réalité. De même que la vieillesse démente se trouve en partie occultée, la représentation bipolaire de la vieillesse, en braquant les projecteurs sur deux types bien particuliers de personnes âgées, laisse dans l'ombre la majorité d'entre elles. Aussi laisse-t-elle accroire que tous les jeunes retraités sont conformes à l'image du senior engagé dans la vie associative et qu'au-delà d'un certain âge, les vieilles personnes sont toutes « dépendantes » et posent un problème de « prise en charge ».

3.3 Quelques sources des représentations de la vieillesse et leur évolution

Les sources des représentations de la vieillesse sont multiples : œuvres artistiques et littéraires, discours savants, publicités ou encore guides de « savoir être » (tels ceux qui, au XVIIe, encourageaient au retrait du monde ou qui, aujourd'hui, invitent les retraités à profiter de l'existence). Deux sources particulières, destinées à des publics différents, vont retenir notre attention : les livres pour enfants et les revues pour retraités.

• *Les livres pour enfants*

À travers la littérature pour la jeunesse, il est possible d'étudier les représentations des vieilles personnes que les adultes destinent aux enfants[1]. L'analyse d'ouvrages scolaires et de loisirs publiés entre 1880 et 2000 montre l'importance des changements dans les images de la vieillesse, notamment au cours des années 1960 et 1970. Ainsi, les dénominations se transforment : les « vieillards » deviennent des « personnes âgées » ou des « grands-parents » et, dans les années 1970, des « retraités ». Parallèlement, l'âge de la

1. G. Arfeux-Vaucher, *La Vieillesse et la mort dans la littérature enfantine de 1880 à nos jours*, Paris, Imago, 1994; G. Arfeux-Vaucher, « Images de la vieillesse dans la littérature enfantine et auprès de jeunes enfants », *Retraite et Société*, n°34, 2001, p. 90-111.

vieillesse recule : alors que les « vieux » sont âgés d'une cinquantaine d'années au début du siècle, ils dépassent souvent les soixante-dix ans aujourd'hui. Sur le plan physique, les transformations sont également sensibles : les personnes âgées apparaissent moins fatiguées, elles recouvrent la vue, leurs corps se redressent et leurs vêtements s'égaient et prennent des couleurs. Comme leurs corps s'assouplissent, elles deviennent plus mobiles, notamment les femmes qui auparavant étaient consignées à l'intérieur de la maison. Dans les relations entre grands-parents et petits-enfants, le thème des devoirs et du respect s'estompe au profit d'une plus grande proximité affective et d'échanges moins dissymétriques. Ainsi, la grand-mère n'est plus seulement mise en scène en train de raconter des histoires à ses petits-enfants : elle les écoute aussi, désormais. Dans les ouvrages parus au cours des années 1990, des thèmes nouveaux apparaissent, comme les secrets de famille (et la question de la transmission psychique entre générations) ou les relations amoureuses entre retraités, et la mort se trouve plus ouvertement abordée. Les représentations de la vieillesse véhiculées par ces ouvrages apparaissent cependant en décalage avec la réalité : les personnages masculins âgés sont surreprésentés ; les arrière-grands-parents sont rarement mis en scène ; les déficiences physiques ou psychiques sont occultées.

• *Les revues destinées aux retraités*

Les revues destinées aux retraités participent à l'élaboration d'une certaine représentation de la population âgée et proposent des modèles de savoir-être. Une analyse de contenu du plus ancien de ces magazines, le mensuel *Notre Temps*, créé en 1968, permet de dégager les principales transformations rédactionnelles au cours de ses trente premières années d'existence[1]. Le magazine a privilégié, dans un premier temps, la défense des conditions de vie des retraités et dénoncé les situations de précarité : c'est le cas, par exemple, dans l'éditorial d'octobre 1975 intitulé « l'urgence d'une garantie de ressources ». Puis, sans jamais perdre tout à fait cette fonction « tribunitienne », il a déployé une double thématique. La première est la

1. S. Guérin, « L'évolution du magazine *Notre Temps* », *Communication et langages*, n° 121, 1999, p. 4-14.

promotion de l'éthique de l'épanouissement de soi, comme dans l'éditorial d'octobre 1987 qui avait pour titre « Réussir sa retraite » et qui présentait les retraités comme des « milliers d'êtres à la recherche de leur épanouissement ». La seconde thématique est la valorisation et l'encouragement du rôle social des retraités, qu'illustre la naissance, en octobre 1983, d'une nouvelle rubrique intitulée « Les retraités agissent ». Parallèlement, les articles sur l'art d'être grands-parents ont fait leur apparition, témoignant des nouvelles exigences et des difficultés de ce rôle auquel le journal s'efforce de sensibiliser ses lecteurs.

3.4 Quelques aspects des représentations de la vieillesse

Les représentations de la vieillesse et leur évolution peuvent être étudiées à travers certains thèmes particuliers. Nous en retiendrons trois : l'amour et la sexualité, la modernité technologique et les figures de l'usager âgé.

• *Les personnes âgées, l'amour et la sexualité*

La vieillesse et la sexualité ont été, au cours de l'histoire, pensées comme incompatibles, la vieillesse étant censée délivrer des passions de la chair. Par exemple, les remariages de personnes âgées se sont trouvés régulièrement condamnés ; les vieillards concupiscents ont été ridiculisés dans les œuvres littéraires ; les médecins du XIXe siècle conseillaient l'arrêt des rapports sexuels au moment de la ménopause pour les femmes et vers la cinquantaine pour les hommes, et ils étaient rejoints sur ce point par les dictons populaires (« à cinquante ans, ouvre ta cave et ferme tes culottes » décrète l'un d'eux, cité par Françoise Loux).

Les représentations actuelles apparaissent plus ambivalentes. D'un côté, certains propos tenus par des jeunes attestent de la persistance d'une représentation très négative de la sexualité des personnes âgées[1]. D'un autre côté, plusieurs indices convergents suggèrent que d'importants changements sont

1. J. Trincaz, « Paroles de jeunes sur la sexualité des vieux », *Gérontologie et société*, n° 82, 1997, p. 146-160.

en cours : les propos des jeunes ne sont pas tous négatifs ; les magazines pour retraités publient articles et sondages sur la sexualité, proclament que « l'amour n'a pas d'âge » et parlent du « bonheur de refaire sa vie » » ; les livres pour enfants mettent désormais en scène des personnes âgées amoureuses ; dans des scénarios de fiction proposés à la télévision, les histoires d'amour se trouvent associées à deux âges de la vie, la jeunesse et la vieillesse.

Des entretiens réalisés auprès de couples qui se sont formés après la retraite donnent à voir, dans la population âgée elle-même, la diversité des associations possibles entre vieillesse et amour[1]. L'analyse des réponses à deux questions, la première sur la nature du sentiment pour le nouveau partenaire, la seconde sur la différence entre le sentiment actuel et celui éprouvé à vingt ans, fait apparaître trois grandes attitudes. Les uns présentent leur relation actuelle comme une « simple compagnie » ou comme une « grande amitié » n'ayant rien en commun avec l'amour qu'ils ont connu autrefois : ils pensent que l'amour est l'apanage exclusif de la jeunesse et que l'amitié est un sentiment qui sied mieux à leur âge. D'autres enquêtés se fondent sur la même association entre jeunesse et amour d'une part, vieillesse et amitié d'autre part, mais ils en inversent les polarités positive et négative : ils déclarent préférer le sentiment actuel, plus serein, débarrassé de la prééminence du sexe. Enfin, quelques-uns n'utilisent pas ces oppositions et disent éprouver de l'amour pour leur nouveau conjoint : ils ne font tout simplement pas de différence entre l'amour qu'ils vivent à soixante ans et celui qu'ils ont connu à vingt ans.

La diversité prévaut donc dans les représentations contemporaines qui, par ailleurs, ne posent plus nécessairement la vieillesse et l'amour comme incompatibles. Cette évolution est remarquable et renvoie, nous semble-t-il, à deux phénomènes. D'une part, la diffusion de l'éthique de l'épanouissement de soi et le rattachement du « troisième âge » à l'âge adulte ont logiquement conduit à accorder aux « jeunes » retraités le droit à la sexualité. D'autre part, la montée d'une norme de tolérance dans les sociétés contemporaines amène à légitimer, au nom du droit de chacun à vivre sa vie comme il l'entend, les relations amoureuses à tout âge, même en maison de retraite.

1. V. Caradec, *Vieillir après la retraite*, PUF, 2004, ch.3.

• *Les personnes âgées et la modernité technologique*

Le rapport des personnes âgées aux innovations technologiques constitue un autre thème qui permet de prendre la mesure des contradictions et des évolutions en cours dans les représentations de la vieillesse.

D'un côté, l'analyse des discours qui ont accompagné l'essor des nouvelles technologies de communication révèle l'« exclusion constitutive » des personnes âgées[1]. L'argumentaire de valorisation de ces technologies se trouve ainsi « marqué au coin d'un certain « jeunisme » » : « Qu'il s'agisse de la population d'Internet, de l'usage de Nintendo et de Sega, ou de la pénétration des micro-ordinateurs, l'important ne sera plus d'appartenir à telle ou telle catégorie sociale, raciale ou économique, mais à la bonne génération. Les riches sont à présent les jeunes et les démunis, les vieux » écrit ainsi l'un des promoteurs de ces technologies. De plus, le système de valeurs sous-jacent à ces discours – « le paradigme informationnel » – apparaît incompatible avec les valeurs humanistes présentes dans les éditoriaux des revues pour personnes âgées.

Cependant, les représentations ne se limitent pas, en ce domaine, aux seuls registres de l'exclusion et de l'incompatibilité. Ainsi, *Notre Temps* consacre désormais des articles aux nouvelles technologies, et il le fait sans renoncer aux valeurs qui sont les siennes, inventant une voie de compromis entre des univers qui pouvaient paraître antinomiques : le micro-ordinateur est présenté comme pouvant être utilisé pour des recherches généalogiques et le courrier électronique comme permettant de communiquer avec ses petits-enfants. De façon plus générale, un nouveau discours émerge aujourd'hui dans la presse et la publicité, qui tend à rapprocher les plus âgés des technologies de l'information et de la communication[2].

---

1. P. Breton, « La place des personnes âgées dans le discours d'accompagnement des Nouvelles technologies de communication », *Retraite et Société*, n° 26, 1999, p. 26-39.
2. V. Caradec, « Générations anciennes et technologies nouvelles », *Gérontologie et société*, n° spécial, 2001, p. 71-91.

• *Les figures de l'usager âgé*

Une autre manière d'approcher les représentations de la vieillesse consiste à les étudier par le biais de certains dispositifs matériels : les utilisateurs d'un appareil ou les usagers d'un service se trouvent en effet « configurés » par les concepteurs, qui objectivent ainsi leurs représentations. Trois enseignements se dégagent des travaux qui ont adopté cette posture analytique.

Tout d'abord, lorsque l'appareil ou le dispositif sont destinés à l'ensemble de la population, les « personnes âgées » ne sont souvent pas prises en compte. Les concepteurs ne songent pas à s'en préoccuper ou les considèrent comme inadaptables : ils estiment que, de toute façon, elles seront progressivement remplacées par des « seniors » à l'aise avec les nouveaux dispositifs mis en place.

Ensuite, lorsqu'elles sont prises en considération, les « personnes âgées » le sont sur le mode déficitaire. Ainsi, les concepteurs du métro de Rennes[1] les perçoivent comme des voyageurs à problèmes. La personne âgée, « qualifiée à partir de ses insuffisances, de ses faiblesses », se trouve évoquée et prise en considération selon trois registres : elle fait partie des « personnes à mobilité réduite » qui risquent de gêner le flux de circulation, des « personnes à autonomie réduite », incapables d'acquérir les repères leur permettant de circuler dans le métro, et des « personnes fragiles », victimes potentielles d'incivilités et au nom desquelles sont prises des mesures de sécurité.

Enfin, les appareils conçus spécifiquement pour les personnes âgées peuvent être porteurs de définitions très différentes de la vieillesse[2]. C'est le cas de deux dispositifs techniques conçus à des fins de sécurité : la téléalarme, qui permet à la personne, munie d'un pendentif, de donner l'alerte, et un projet de système multicapteur, qui constitue un dispositif de surveillance susceptible de détecter un comportement inhabituel. Les figures de la vieillesse incorporées dans ces deux offres techniques sont à l'opposé : la

1. S. Chevrier, « Métros légers et personnes âgées », *Retraite et Société*, n° 26, 1999, p. 41-49.
2. S. Clément, C. Dubreuil et S. Milanovic, « Figures de la vieillesse et technologies de la vigilance », *Réseaux*, n° 96, 1999, p. 121-143.

téléalarme s'adresse à une personne âgée autonome, capable de déclencher à bon escient le signal d'alarme alors que le système multicapteur présuppose une personne âgée mentalement déficiente et totalement dépendante de son entourage.

De ces développements sur les représentations de la vieillesse, retenons deux enseignements. Tout d'abord, pas plus qu'hier, ces représentations ne sont unifiées. La polarisation des catégories apparues depuis les années 1960 en atteste : d'un côté, l'image souriante des « seniors » ; de l'autre, la vision beaucoup plus sombre des « personnes âgées dépendantes ». Par ailleurs, les trente dernières années ont été marquées par d'importants changements dans les représentations, la population âgée bénéficiant de la jeunesse et du dynamisme associés au « troisième âge » et aux « seniors ».

4. La mise en forme des rapports entre générations

La société n'organise pas seulement le parcours des âges, elle met aussi en forme les *rapports entre générations*. La notion de génération recouvre ici deux réalités différentes selon que l'on envisage le cycle de vie familial ou que l'on considère le parcours de vie tel qu'il s'est institutionnalisé dans les sociétés modernes : dans le premier cas, les générations sont *familiales* (les enfants, les parents, les grands-parents), dans le second, elles constituent les *générations du welfare* (les jeunes en cours de formation, les actifs, les retraités). Générations familiales et générations du welfare renvoient à des formes de solidarités différentes : d'un côté, les solidarités familiales, de l'autre, les solidarités publiques, qui consistent en des transferts financiers des actifs vers les retraités. Ces transferts sont, avec les règles de répartition du travail entre les groupes d'âge, au cœur du contrat intergénérationnel qui s'est mis en place avec le développement des États-Providence. Après avoir souligné la forte interdépendance qui existe entre les deux types de solidarités, nous nous arrêterons sur les diverses manières dont sont structurés, selon le contexte national, les rapports entre générations face au « risque dépendance », puis sur les inégalités nouvelles entre générations.

4.1 L'interdépendance des solidarités publiques et familiales

De quelle façon le développement de l'État-Providence a-t-il transformé les relations entre générations familiales ? Sur cette question s'affrontent les deux thèses du remplacement et du renforcement. Selon la première, les solidarités publiques se sont substituées aux solidarités privées, à la fois parce que l'État a dû suppléer aux défaillances des solidarités familiales, désorganisées par l'industrialisation et le capitalisme naissant et parce que le développement des solidarités publiques a provoqué une démobilisation de la famille. Cette thèse du remplacement a été progressivement contestée : les historiens ont démontré qu'il ne fallait pas, selon l'expression de Peter Laslett, idéaliser « ce monde que nous avons perdu » et les sociologues ont découvert que la modernité n'avait pas dissous les solidarités au sein de la parenté. L'image de solidarités publiques et familiales fonctionnant comme des vases communicants est inadéquate et il paraît préférable de les considérer comme étroitement imbriquées. Par exemple[1], dans la banlieue ouvrière de Nanterre, l'instauration de la retraite a permis de « réinventer cette figure oubliée de la famille : le grand-père », qui dispose de temps pour s'occuper de ses petits-enfants ; une enquête auprès de trois générations familiales montre que les transferts financiers au sein de la famille circulent en sens inverse des transferts publics, les plus âgés aidant leurs enfants et petits-enfants ; dans le soutien aux « personnes âgées dépendantes », les aides professionnelles se combinent aux aides familiales plus qu'elles ne s'y substituent.

Harald Künemund et Martin Rein[2] ont entrepris de tester empiriquement les deux thèses du remplacement et du renforcement à partir d'une enquête réalisée dans cinq pays. Partant de l'idée que les échanges entre enfants adultes et parents âgés reposent sur quatre types de motivation (la réciprocité, l'affection, les normes d'obligation et les besoins de la personne aidée), ils font l'hypothèse que l'existence de solidarités publiques peut certes atténuer les normes d'obligation et faire disparaître certains besoins des parents

1. Attias-Donfut (ed.), *Les solidarités entre générations*, Paris, Nathan, 1995 (notamment les articles de M. Segalen et de C. Attias-Donfut).

2. H. Künemund, M. Rein, "There is more to receiving than needing", *Ageing and Society*, vol. 19, 1999, p. 93-121.

âgés, mais qu'elle renforce au contraire les deux autres moteurs de l'aide. D'un côté, la réciprocité se trouve stimulée car les parents, lorsqu'ils disposent de revenus propres, peuvent plus facilement donner à leurs enfants et ceux-ci tendent alors à leur rendre en retour, conformément au mécanisme du don et du contre-don. De l'autre, l'affection est d'autant plus forte qu'elle est désormais au fondement des relations familiales. L'analyse des données montre effectivement que la thèse du remplacement est trop générale pour rendre compte de la diversité des cas observés : si, au Royaume-Uni, les pensions de retraite sont peu élevées et les aides familiales nombreuses, aux États-Unis, solidarités publiques et familiales sont faibles ; en Allemagne, à l'inverse, les transferts publics sont importants et l'aide aux parents âgés fréquente. De plus, l'aide reçue par les parents âgés est d'autant plus importante qu'ils apportent eux-mêmes une aide à leurs enfants : les revenus provenant des retraites paraissent donc susceptibles de renforcer les solidarités familiales plutôt que de les affaiblir.

4.2 Les solidarités entre générations face au « risque dépendance »

L'interdépendance entre solidarités publiques et familiales s'observe aussi face à la dépendance des personnes âgées. Chaque pays structure cependant de manière différente, en fonction du type d'État-Providence qui le caractérise, cette solidarité entre générations[1] :

- dans le modèle d'État-Providence « résiduel » (ou « libéral »), qui est marqué par une intervention publique subsidiaire par rapport au marché et à la famille, le « risque dépendance » des personnes âgées doit faire l'objet d'une prévoyance individuelle par l'assurance ou d'une prise en charge familiale, l'État n'intervenant qu'en dernier recours ;
- Le modèle « institutionnel » (ou « social conservateur »), qui organise la protection sociale autour du travail salarié, présente deux caractéristiques : il privilégie les plus âgés, qui ont cotisé au cours de leur vie de

1. C. Martin (ed.), *La dépendance des personnes âgées. Quelles politiques en Europe ?*, Rennes, Presses universitaires de Rennes, 2003 ; C. Attias-Donfut (ed.), *op. cit.* (voir notamment l'article de F. Schultheis).

travail, par rapport aux plus jeunes, et il est fortement sexué. Les pays qui se rapprochent de ce modèle tendent à mettre en place une couverture du « risque dépendance » dans le cadre du système d'assurances sociales comme l'ont fait l'Allemagne en 1995 et le Luxembourg en 1998. Parallèlement, l'aide informelle y est considérée comme allant de soi et se traduit par un investissement important des femmes dans la prise en charge des personnes âgées ;

- le modèle « social-démocrate », régime d'État-Providence « universel » qui fonde la protection sur la citoyenneté et octroie des droits sociaux selon une logique de « besoins », favorise l'autonomie individuelle : celle des personnes âgées, auxquelles les aides pour la dépendance sont versées directement ; celle des femmes, dont l'accès au marché du travail est facilité et qui peuvent plus facilement se décharger des tâches de soin auprès de services extérieurs.
- à l'instar de certains auteurs, on peut compléter ces trois modèles, conformes à la typologie de Gosta Esping-Andersen, par un quatrième, le « modèle latin », qui vise à rendre compte de la réalité des pays d'Europe du Sud. Les interventions publiques en faveur de la dépendance y sont minimales et se font sous la forme d'aides sociales. En fait, la prise en charge des plus âgés est considérée comme relevant des solidarités familiales, principalement féminines – ce qui conduit les femmes qui travaillent à recourir aux services de salariées immigrées (comme les *badanti*, en Italie).

Si ces modèles ideal-typiques sont utiles pour souligner que les rapports entre générations s'inscrivent dans des traditions sociétales différentes, qui organisent une solidarité publique plus ou moins généreuse face à la dépendance, il convient cependant de ne pas y enfermer les réalités nationales qui, d'ailleurs, peuvent être marquées par de fortes disparités territoriales, l'échelon local jouant souvent un rôle important dans la définition de l'aide effectivement dispensée. En effet, certaines tendances communes – le vieillissement démographique, la présence accrue des femmes sur le marché du travail, la montée d'une revendication d'autonomie dans les relations familiales – amènent à des rapprochements, certains pays adoptant de nouveaux modes de régulation des rapports entre générations face à la dépendance.

C'est ainsi que l'Espagne, pourtant marquée par une forte tradition familialiste, a mis en place, début 2007, un ambitieux Système pour l'autonomie et l'aide à la dépendance, financé par l'impôt et s'inspirant des politiques nordiques.

4.3 Des inégalités nouvelles entre générations

Depuis quelques années, une sensibilité aux inégalités entre générations se fait jour. Aux États-Unis, une association pour l'équité générationnelle a été créée en 1985 et une « comptabilité générationnelle prospective » a été proposée dans le but de comparer ce que chaque cohorte aura versé au système de solidarité publique et ce qu'elle en aura reçu sur l'ensemble de son cycle de vie. En France, économistes et sociologues ont décrit les inégalités nouvelles entre groupes d'âge et entre cohortes.

Des études statistiques[1] ont établi que les inégalités entre groupes d'âge s'étaient déplacées en faveur des retraités, dont le niveau de vie est devenu équivalent à celui des actifs, et au détriment des plus jeunes, désormais davantage touchés par la pauvreté que les plus âgés.

Des travaux sociologiques[2] ont retracé le destin contrasté des cohortes au cours du XXe siècle. Les individus nés à la fin des années 1930 et dans les années 1940, qui sont aujourd'hui à l'âge de la retraite ou qui en approchent, apparaissent particulièrement favorisés : ils ont bénéficié de la première explosion scolaire ainsi que d'une conjoncture économique exceptionnelle au moment de leur insertion professionnelle et ils ont continué à profiter de cet avantage initial tout au long de leur carrière. Aussi, ces cohortes ont-elles été privilégiées dans le partage des ressources et dans leurs chances de mobilité sociale, plus importantes que celles des générations nées avant 1920 ou après 1950. Ce destin exceptionnel s'explique, pour une part, par les aléas de la conjoncture économique. Dans les années 1960, la croissance était forte et les rapports salariaux entre générations régulés par un mécanisme

1. J.-M. Hourriez, B. Legris, « Le niveau de vie relatif des personnes âgées », *Économie et statistique*, n° 283-284, 1995, p. 137-158.
2. L. Chauvel, *Le Destin des générations*, Paris, PUF, 2002; C. Baudelot, R. Establet, *Avoir 30 ans en 1968 et en 1998*, Paris, Seuil, 2000.

d'embauche à salaire croissant par rapport aux cohortes précédentes. La moindre croissance des années de crise a entraîné une stagnation du salaire d'embauche et un important chômage des jeunes, alors que les salariés déjà en place ont été moins pénalisés et ont vu leur situation relative s'améliorer. Louis Chauvel montre que ces inégalités se sont trouvées renforcées par un ensemble de décisions favorables aux plus âgés, qui ont été les grands bénéficiaires des redistributions de l'État-Providence : les pensions de retraite ont été favorisées au détriment des allocations familiales ; les salariés âgés privés d'emploi ont été davantage soutenus que les jeunes chômeurs ; même une mesure comme la « prime à la casse » pour l'achat d'une automobile neuve a tourné au détriment des plus jeunes, qui s'équipent plutôt sur le marché de l'occasion. Le traitement inégal entre les âges et les cohortes semble ainsi avoir fait l'objet d'un consensus généralisé.

Ces inégalités entre groupes d'âge et entre cohortes une fois mises en évidence, faut-il les dénoncer et prôner une répartition plus équitable entre les âges ? La question est controversée parmi les sociologues[1]. On note deux lignes de fracture : l'une concerne les solidarités familiales, l'autre porte sur la pertinence d'un tel débat :

– dans les réflexions sur les rapports entre générations, la place que l'on accorde aux relations familiales constitue un enjeu important. Les uns considèrent que « la guerre entre générations n'aura pas lieu » (selon l'expression de Christian Baudelot et Roger Establet) : les solidarités familiales sont fortes et se traduisent par des transferts financiers des plus âgés vers les plus jeunes, transferts qu'omettent de prendre en compte les partisans de la comptabilité générationnelle. D'autres ne sont guère convaincus par les vertus des solidarités familiales. Ainsi, Louis Chauvel souligne que les aides familiales sont vingt fois plus faibles que les transferts publics et qu'elles ne sont pas des droits acquis : soumises au bon vouloir des donateurs, elles sont source de dépendance ;

1. C. Attias-Donfut (ed.), *op. cit.* (cf. l'introduction de C. Attias-Donfut et le chapitre écrit par A. Masson). Cf. aussi le débat entre L. Chauvel, J.-P. Viriot-Durandal et A. Masson, « Qu'en est-il des rapports intergénérationnels en France? », *Horizons stratégiques*, n° 4, 2007 (disponible sur le site du Centre d'Analyse Stratégique).

– la discussion porte aussi sur l'opportunité et la pertinence d'un débat sur les inégalités entre générations. Certains considèrent qu'un tel débat constitue une opération idéologique, une arme dans la lutte engagée par les libéraux pour faire reculer l'État-Providence, saper les fondements de la solidarité et détourner l'attention des inégalités sociales. D'autres se demandent en quoi consiste précisément l'« équité » entre générations et se montrent sceptiques quant à la possibilité de réaliser la comparaison exhaustive de deux cohortes : comment prendre en compte non seulement ce qu'elles ont reçu, mais aussi ce qu'elles ont apporté à la nation, voire le prix qu'elles ont dû payer pour leur participation à certains événements (une guerre par exemple) ? À l'inverse, Louis Chauvel pense que ce débat est nécessaire si l'on veut éviter un affrontement entre les générations et qu'il ne suppose ni l'oubli des inégalités de classe ni l'adoption de solutions libérales.

Chaque société décide de ce qu'est la vieillesse de trois manières : en lui assignant une place dans le parcours des âges ; à travers les représentations qu'elle lui associe ; en structurant les rapports entre générations. En France, comme dans l'ensemble des pays occidentaux, les mécanismes redistributifs de l'État-Providence et les politiques publiques ont été au cœur de la définition de la vieillesse : les systèmes de retraite ont transformé les « vieillards » en « retraités » ; les interventions publiques ont joué un rôle moteur dans la partition de la vieillesse en deux âges, le « troisième âge » et les « personnes âgées dépendantes », contribuant ainsi à la polarisation des représentations ; le contrat intergénérationnel a permis à la partie âgée de la population – lui a enjoint même – de ne pas travailler tout en assurant son indépendance financière. Ce cadre général structure l'existence du groupe d'âge des « personnes âgées » auquel nous allons maintenant nous intéresser.

2

Les « personnes âgées », un groupe d'âge hétérogène

Le groupe d'âge des « personnes âgées » (ou celui des « seniors », comme on dit de plus en plus souvent aujourd'hui) peut être étudié de diverses manières : en dressant son portrait statistique à partir d'enquêtes quantitatives (1) ; en élaborant des typologies des modes de vie à la retraite (2) ; en examinant comment il peut se mobiliser (3) ; en réalisant des enquêtes auprès de l'une de ses composantes comme, par exemple, les « jeunes retraités » ou les « personnes âgées dépendantes » (4).

Ces travaux permettent de s'interroger sur la consistance sociale de ce groupe d'âge : constitue-t-il un ensemble aux spécificités marquées ? Rassemble-t-il des individus dont les manières de vivre et de penser se ressemblent ? Parvient-il à se mobiliser pour constituer un groupe social « réel » ?

1. Les « personnes âgées » à travers les enquêtes quantitatives

Lors du traitement des données provenant d'enquêtes quantitatives, il est deux manières de définir les « personnes âgées » : selon l'âge chronologique ou selon l'âge social.

1.1 Des « personnes âgées » définies selon l'âge chronologique

En général, c'est l'âge chronologique qui, en raison de sa simplicité, est retenu comme unique indicateur de la variable « âge » : les « personnes âgées » sont alors définies comme l'ensemble des 60 ans et plus, le seuil s'élevant parfois à 65 ans et s'abaissant aussi quelquefois à 50 ans (auquel cas on parle plus volontiers de « seniors »).

Les enquêtes quantitatives qui fournissent des informations sur les « personnes âgées » sont de deux types. Les unes portent sur des échantillons qui sont représentatifs de la population dans son ensemble, mais ne le sont pas toujours de la population âgée : l'échantillonnage prévoit souvent un quota de « 60 ans et plus » et laisse aux enquêteurs le soin de recruter les personnes de leur choix, ce qui conduit à une sous-représentation des « personnes âgées » les plus âgées. D'autres enquêtes, plus rares, ciblent exclusivement la population âgée et se soucient alors davantage de son échantillonnage.

Les enquêtes quantitatives présentent un triple intérêt : elles éclairent à la fois la spécificité et la diversité interne de ce groupe d'âge ; elles permettent d'observer que sa singularité est moins marquée aujourd'hui qu'il y a une quarantaine d'années ; elles montrent de quelle manière les pratiques évoluent au cours de l'avancée en âge. Avant d'aborder ces trois points, il faut nous arrêter sur les difficultés des analyses en termes d'âge.

• *Les difficultés des analyses en termes d'âge*

L'interprétation des différences de comportement suivant l'âge est, en effet, délicate car elle doit faire la part entre ce qui s'explique par l'avancée en âge des individus (*effet d'âge*) et ce qui relève de leur appartenance à une génération donnée (*effet de génération* ou *de cohorte*). Pour tenter de dissocier ces effets, il faut disposer de données provenant de plusieurs enquêtes répétées dans le temps, enquêtes *longitudinales* (les mêmes personnes sont interrogées au cours des différentes vagues) ou *pseudo-longitudinales* (les personnes interrogées ne restent pas les mêmes, mais la structure de l'échantillon est conservée). Cependant, en manipulant des données recueillies à des dates différentes, on introduit un nouvel élément de complexité puisque le contexte – l'« air du temps » – a changé alors qu'il influe lui aussi sur les comportements : aux effets d'âge et de génération, il faut alors ajouter l'*effet de période* ou *de moment*.

Le modèle analytique ainsi dessiné est connu sous le nom de *modèle à trois temps*. Son opérationnalisation se révèle complexe car il n'est pas possible d'isoler complètement l'un des trois effets, ceux-ci apparaissant toujours par deux quelle que soit la manière de considérer les données :

– si on observe ce qui se passe à un moment donné (approche *transversale* sur le schéma ci-dessous), on neutralise l'effet de période, mais les effets d'âge et de génération se trouvent toujours imbriqués (à la date t1, la génération g1 a un âge a' et la génération g2 un âge a) ;
– si on observe ce qui se passe à un âge donné (approche *diachronique*), l'effet d'âge n'apparaît plus, mais les effets de génération et de période restent mêlés (on compare, au même âge a', les générations g1 à la date t1 et g2 à la date t2) ;
– si on observe ce qui se passe pour une cohorte donnée (approche *longitudinale*), l'effet de génération disparaît, mais on a ensemble les effets de l'âge et de la période (la génération g1 ayant un âge a' en t1 et a" en t2).

Les trois approches des données d'enquêtes répétées dans le temps

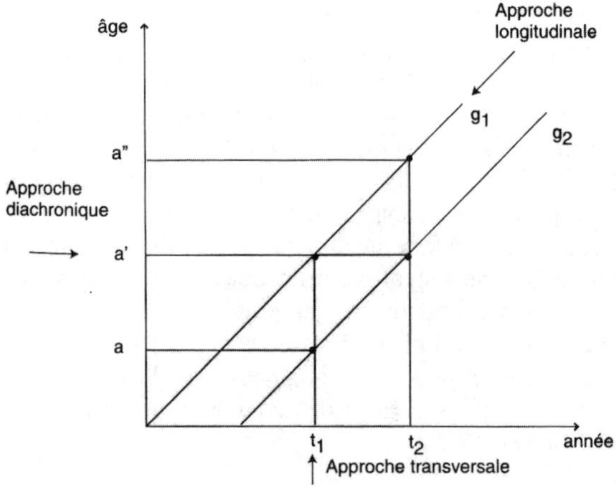

Plusieurs remarques sont, par ailleurs, nécessaires pour préciser le sens sociologique de chaque effet et pour signaler les critiques qui ont été adressées au modèle à trois temps[1].

- tout d'abord, l'« effet d'âge » recouvre des réalités multiples. On peut en dégager quatre composantes. La première a trait au *vieillissement physique* : par exemple, on conduit moins en vieillissant parce qu'on se sent plus vite fatigué. La deuxième concerne la *position dans le cycle de vie* : on conduit moins parce qu'on est à la retraite et que l'on n'utilise plus sa voiture pour se rendre à son travail. La troisième est la *durée*, le comportement s'expliquant alors par le temps écoulé : on achète une nouvelle voiture car celle que l'on possède est ancienne et a beaucoup roulé. La dernière composante, enfin, est la *durée inversée*, le comportement prenant sens en fonction du temps qu'il reste à vivre : certaines personnes âgées anticipent ainsi le renouvellement de leur voiture car elles pensent que, si elles attendent trop, elles risquent de ne pas en profiter assez longtemps ;
- l'effet de génération appelle, lui, une question. Chaque cohorte présentant une structure spécifique (elle a été plus ou moins longuement scolarisée, comporte une part variable de cadres et d'ouvriers, de ruraux et d'urbains, etc.), on peut se demander ce que les différences de comportement entre générations doivent à cet « effet de composition ». Un tel travail d'analyse est utile et permet de mieux cerner le phénomène étudié, mais il ne doit pas amener à conclure que l'effet de composition *annule* l'effet de génération : ces caractéristiques structurelles sont, en effet, constitutives d'une cohorte donnée.
- L'effet de période pose un autre problème : sa consistance, sa pertinence même, dépendent de la manière dont on conçoit la notion de génération. Si l'on considère, selon une tradition héritée de Karl Mannheim, qu'une génération se forme exclusivement au cours des années de jeunesse et qu'elle est « achevée » à l'orée de l'âge adulte, on peut distinguer nettement effets de période et de génération : les effets de période rendent alors compte de l'influence du contexte, ou plutôt des contextes successifs, sur la génération, une fois qu'elle est devenue adulte. Si l'on estime

1. C. Attias-Donfut, *Générations et âges de la vie*, Paris, PUF, 1991.

au contraire, comme Claudine Attias-Donfut, qu'une génération se transforme tout au long de son existence, les effets de période deviennent des cas particuliers de l'effet de génération, dans lequel ils viennent finalement se fondre.

– enfin, l'âge et l'appartenance générationnelle sont toujours étroitement imbriqués, au point qu'il est vain de vouloir repérer un effet d'âge ou un effet générationnel purs. Par exemple, l'effet d'âge tenant au vieillissement physique varie avec les générations : le sexagénaire d'aujourd'hui est en meilleure santé que celui des années 1950.

Ces préalables étant posés, voyons ce qu'apportent les trois perspectives transversales, diachronique et longitudinale à la connaissance des « personnes âgées ».

• *Spécificité et diversité des pratiques des « personnes âgées »*

Les enquêtes quantitatives qui portent sur l'ensemble de la population permettent, tout d'abord, de comparer à une date donnée les comportements et attitudes des diverses tranches d'âge. Cette approche transversale donne à voir la spécificité des « personnes âgées » qui, prises dans leur ensemble, se distinguent des plus jeunes pour nombre de leurs pratiques et sur le plan des valeurs. Cependant, cette spécificité ne doit pas occulter le fait que les moyennes observées recouvrent une grande diversité.

Les « personnes âgées » ont des pratiques et des valeurs spécifiques

C'est d'abord dans leurs pratiques que les « personnes âgées » apparaissent spécifiques[1]. Elles sont ainsi plus casanières que les jeunes : elles affichent plus souvent une préférence pour les loisirs pratiqués à la maison et leurs dépenses sont davantage orientées vers le domicile ; elles sortent moins le soir, partent moins en vacances et sont davantage consommatrices de télévision. Elles sont ensuite moins « actives » tant pour les activités culturelles et sportives que sur le plan sexuel. Elles sont aussi moins tournées vers les technologies nouvelles : les ménages âgés sont moins équipés en micro-ordinateur et disposent moins souvent d'un accès à Internet. Enfin, elles sont

1. *Les Personnes* âgées, Insee, 2005.

moins sociables, en ce sens qu'elles ont moins d'interlocuteurs et de conversations que les plus jeunes, et sont davantage tournées vers les relations de parenté et de voisinage.

La spécificité des « personnes âgées » est aussi attestée sur le plan des valeurs. Les enquêtes soulignent, en effet, l'existence de deux « blocs générationnels »[1] : les cohortes nées avant 1940, qui constituent les « personnes âgées » de l'an 2000, se caractérisent par une plus forte croyance religieuse, un sentiment de fierté nationale plus affirmé, des jugements moraux plus rigoristes, par exemple sur l'homosexualité ou l'avortement. Ces générations sont aussi moins marquées que celles nées après la Seconde Guerre mondiale par les valeurs « post-matérialistes » : elles expriment un moindre attachement à la liberté d'expression et à la participation politique active des citoyens.

Au-delà de la spécificité, la diversité des « personnes âgées »

Si l'approche transversale permet de dresser le portrait social des « personnes âgées » et de souligner la spécificité de leurs pratiques et valeurs, il faut se garder de faire de cette description le point final de l'analyse : les « personnes âgées » constituent un ensemble fortement hétérogène dont il convient de pénétrer la diversité.

Cette diversité présente une dimension évidente, d'ailleurs de plus en plus souvent prise en compte dans les publications statistiques : celle qui tient à l'âge lui-même. Les pratiques apparaissent extrêmement variées selon la tranche d'âge considérée, les sexagénaires se différenciant nettement des septuagénaires ou octogénaires, par exemple en ce qui concerne l'équipement en ordinateur et l'accès à Internet, les départs en vacances ou encore l'engagement bénévole. Ces différences s'expliquent à la fois par un effet d'âge et par un effet de génération. Ce dernier apparaît d'autant plus marqué que les deux « blocs générationnels » que nous avons évoqués coexistent aujourd'hui au sein du groupe d'âge des « personnes âgées », et que les premières cohortes de la « génération du baby-boom » (née après 1945) ont aujourd'hui dépassé l'âge de 60 ans.

---

1. V. Drouin, *Enquêtes sur les générations et la politique. 1958-1995*, Paris, L'Harmattan, 1995.

Cependant, cette diversité renvoie aussi à d'autres facteurs que l'âge, comme le milieu social et le sexe. Certaines différences internes apparaissent ainsi plus importantes que celles qui existent avec les tranches d'âge plus jeunes : les pratiques culturelles sont ainsi plus nettement influencées par le niveau d'études que par l'âge ; le taux d'équipement en magnétoscope ou en lecteur de DVD d'un ancien cadre supérieur « âgé » présente moins d'écart avec le taux d'équipement d'un cadre supérieur de moins de 60 ans qu'avec celui d'un ouvrier « âgé ».

L'interprétation des différences liées à l'âge doit, par ailleurs, être prudente et ne pas recourir trop rapidement à des explications *ad hoc* peu sensibles à la complexité des phénomènes et à la diversité interne de la population âgée. Ainsi, rendre compte du sous-équipement des plus âgés en appareils techniques en termes de « résistance au changement » ou de « maintien d'un esprit plus traditionnel » n'est pas satisfaisant[1] : c'est, d'une part, faire d'une différence statistique le symptôme d'une inaptitude foncière des « personnes âgées » et, d'autre part, ne pas se préoccuper des bonnes raisons qu'elles peuvent avoir de ne pas s'équiper. Or celles-ci sont plurielles : le manque de familiarité avec l'appareil, mais aussi son absence d'utilité dans le cadre du mode de vie qui est le leur aujourd'hui ou encore une critique de son coût, de ses performances ou de son esthétique.

• *Des « personnes âgées » plus actives et plus tolérantes aujourd'hui qu'il y a quelques décennies*

La perspective diachronique permet d'orienter l'analyse vers les changements imputables aux effets de génération et de période. Elle montre combien, en une quarantaine d'années, les « personnes âgées » ont changé et perdu quelque peu de leur singularité.

Tout d'abord, leur composition sociologique s'est transformée : leur niveau d'études s'est élevé, elles comptent aujourd'hui plus d'anciens cadres et moins d'anciens agriculteurs, elles vivent moins souvent à la campagne. Ensuite, leur situation économique est beaucoup plus favorable : davantage

1. V. Caradec, « Personnes âgées » et « objets technologiques », *Revue française de sociologie*, vol. 42, n° 1, 2001, p. 117-148.

de retraités bénéficient d'une pension à taux plein et le nombre de bénéficiaires du minimum vieillesse a fortement diminué. Leur habitat est aussi bien plus confortable et elles possèdent plus souvent une résidence secondaire. Quant à leur état de santé, il s'est également amélioré : à partir des années 1960, l'espérance de vie à 60 ans a augmenté alors qu'auparavant les gains d'espérance de vie se concentraient aux âges plus jeunes ; l'espérance de vie sans incapacité a crû dans des proportions identiques.

Les « personnes âgées » du début du XXIe siècle apparaissent aussi beaucoup plus « actives » que leurs devancières. C'est le cas pour les loisirs et les activités associatives : elles sortent davantage le soir, sont plus nombreuses à se rendre au bal, à faire de la gymnastique, à partir en vacances et à appartenir à une association. Il en va de même dans le domaine de la sexualité, non seulement parce qu'elles vivent plus souvent en couple du fait du recul de l'âge au veuvage, mais aussi parce que celles qui vivent en couple ont plus rarement interrompu toute relation sexuelle.

Sur le plan des valeurs, on note également des évolutions[1]. D'une manière générale, les « personnes âgées » sont plus tolérantes aujourd'hui, par exemple sur l'homosexualité ou sur l'avortement, qu'au début des années 1980. Cette évolution s'explique par un double phénomène : d'une part, le renouvellement des générations âgées, les cohortes qui arrivent à la soixantaine étant un peu moins marquées par les valeurs rigoristes que celles qui les ont précédées ; d'autre part, un effet de période qui prend la forme d'une « contagion intergénérationnelle » – pour reprendre l'expression de Vincent Drouin –, les valeurs portées par les nouvelles générations se diffusant parmi les générations plus anciennes.

Du fait de ces évolutions, la spécificité des « personnes âgées » tend à se réduire[2] : les écarts sont moindres pour les sorties au cinéma, au théâtre ou au restaurant ; leur taux de départ en vacances s'est rapproché de celui des plus jeunes, qui stagne depuis une vingtaine d'années ; leur engagement associatif est aujourd'hui plus important que celui des moins de 60 ans, si l'on retient l'indicateur du taux d'adhésion. Le rapprochement est manifeste,

1. P. Bréchon (sd), *Les Valeurs des Français. Evolutions de 1980 à 2000*, Paris, A. Colin, 2e édition, 2003.
2. L. Chauvel, *Le Destin des générations*, Paris, PUF, 1998.

enfin, dans le domaine des valeurs, tant les plus âgés que les plus jeunes font preuve d'un moindre rigorisme qu'il y a vingt ans, mais l'évolution est plus marquée pour les premiers que pour les seconds.

• *L'évolution des cohortes au cours de leur avancée en âge*

Pour apprécier les changements dans le temps, on peut adopter une perspective non plus diachronique, mais longitudinale : on s'intéresse alors à l'évolution des comportements d'une même cohorte, produit des effets combinés de l'âge et de la période.

Cette approche permet tout d'abord de nuancer la thèse – que l'on serait tenté de formuler au vu des données transversales – d'un repli massif sur l'espace domestique qui se produirait autour de la soixantaine. Ainsi, entre 1973 et 1988, les évolutions dans les pratiques de loisir de la cohorte 1914-1933 (âgée de 40-59 ans en 1973 et de 55-74 ans en 1988) apparaissent contrastées. D'un côté, on note bien une tendance au repli, attestée par la préférence accrue pour les loisirs intérieurs, ainsi qu'une diminution de certaines activités comme le cinéma. Mais, à l'inverse, d'autres pratiques sont en expansion : c'est le cas de la gymnastique ou des sorties pour assister à un concert de musique classique. Le développement d'activités nouvelles au cours de l'avancée en âge s'explique, tout d'abord, par un effet de période : ces activités ont augmenté dans l'ensemble de la population. Il renvoie aussi à un effet d'âge, la cessation d'activité accroîssant le temps libre. Le passage à la retraite est d'ailleurs susceptible de réduire quelque peu les écarts entre les milieux sociaux et entre les sexes, comme le met en évidence, pour les activités physiques et sportives et pour les activités manuelles, une enquête longitudinale réalisée au début des années 1980[1].

Si l'on étudie des cohortes plus avancées en âge, la baisse des activités et le repli sur le domicile ressortent plus nettement. La comparaison de deux enquêtes suisses réalisées en 1979 et 1994[2] montre que la cohorte 1900-1914 (65-79 ans en 1979, 80-94 ans en 1994) a beaucoup réduit ses activités

---

1. P. Paillat (sd), *Passages de la vie active à la retraite*, Paris, PUF, 1989.
2. C. Lalive d'Epinay *et alii*, « Vieillesses au fil du temps », Lausanne, *Réalités sociales*, 2000.

extérieures ainsi que certaines activités intérieures comme le jardinage, le bricolage ou les travaux d'aiguille. Tous les indicateurs ne sont pas orientés à la baisse, cependant : bénéficiant d'un effet de période favorable, les passe-temps comme les mots-croisés ont augmenté, de même que les visites rendues par les proches.

Pour ce qui est des valeurs, les résultats sont parfois inattendus et contraires aux stéréotypes sur le vieillissement. Ainsi, entre 1981 et 1999, la cohorte 1919-1927 (54-62 ans en 1981, 72-80 ans en 1999) s'est éloignée de la religion et a évolué vers des positions morales moins traditionnelles sur certaines questions comme l'homosexualité, l'euthanasie, le divorce ou l'avortement. C'est là une manifestation du phénomène de « contagion intergénérationnelle » que nous avons évoqué plus haut. Cette influence est cependant moins marquée sur d'autres questions : la condamnation de la consommation de drogue ou de la fraude dans les transports en commun est restée aussi forte.

1.2 Des « personnes âgées » définies selon l'« âge social »

Si l'âge chronologique bénéficie d'un atout indéniable – sa simplicité –, il n'en constitue pas moins un indicateur de la variable « âge » peu élaboré. Aussi certains auteurs ont-ils cherché à catégoriser et à définir la vieillesse selon un indicateur d'« âge social ». De ces réflexions encore peu nombreuses, nous retiendrons trois propositions : un seuil évolutif de la vieillesse, une nomenclature de l'âge selon la position dans le cycle de vie et une nomenclature de l'âge selon le « statut fonctionnel ».

• *Un seuil évolutif de la vieillesse*[1]

Au cours du XVIIIe siècle, conformément aux indications de Cicéron qui était très lu à l'époque, l'âge de 60 ans s'est imposé comme seuil d'entrée dans la vieillesse. Aussi, ce seuil a-t-il été retenu pour définir la catégorie statistique des « vieillards ». Ce n'est qu'après la Seconde Guerre mondiale que les

1. P. Bourdelais, *L'Âge de la vieillesse*, Paris, Odile Jacob, 1993.

« vieillards » sont devenus les « personnes âgées » et que le seuil a été reculé à 65 ans pour se conformer à ce qui était alors l'âge officiel de la retraite. Plus récemment, au milieu des années 1980, la baisse de l'âge légal de la retraite a ramené le seuil à 60 ans : les « personnes âgées » d'aujourd'hui et les « vieillards » du XVIIIe siècle regroupent ainsi les mêmes catégories d'âge.

Or derrière la permanence des découpages statistiques, les réalités de l'âge ont profondément changé. Bénéficiant d'une meilleure santé et d'une espérance de vie plus grande, le sexagénaire d'aujourd'hui est bien différent de celui du XVIIIe siècle et même de celui des années 1950. Aussi, Patrice Bourdelais propose-t-il d'élaborer un seuil évolutif de la vieillesse qui soit « une sorte d'âge équivalent, sur le plan de l'état de santé moyen ». Il définit ce seuil évolutif comme la moyenne pondérée entre deux indicateurs : l'âge auquel il reste dix ans à vivre et l'âge pour lequel la probabilité de survivre cinq ans est identique à celle d'un homme de 65 ans en 1985.

Il apparaît alors qu'entre 1825 et 1985, l'âge d'entrée dans la vieillesse a reculé de treize ans pour les femmes et de six ans pour les hommes. Avec ce nouvel indicateur, la part des « personnes âgées » dans la population totale n'est pas plus importante aujourd'hui qu'au début du XIXe siècle. Pour Patrice Bourdelais, c'est la preuve qu'il n'y a pas eu de vieillissement de la population et qu'il faut donc en finir avec la notion de « vieillissement démographique » qui, chargée d'une représentation fixiste et négative de la vieillesse, a contribué à « la lenteur de la prise de conscience du changement récent de la réalité de l'âge de la vieillesse ».

• *Une nomenclature de l'âge selon la position dans le cycle de vie*

Plutôt que d'utiliser le seul critère de l'âge chronologique, il est possible de fonder les nomenclatures d'âge sur la position dans le cycle de vie, en élaborant par exemple une nomenclature comprenant cinq catégories[1] : les « célibataires » de moins de 35 ans ; les individus « en couple » sans enfants et âgés de moins de 40 ans ; les individus « en famille » qui ont des enfants vivant avec eux ; ceux du « nid vide » dont les enfants ont quitté la maison

1. P. Lunt, S. Livingstone, *Mass Consumption and Personal Identity*, Buckingham, Open University Press, 1992.

et qui ne sont pas encore à la retraite ; ceux qui sont « à la retraite » ou dont le conjoint est retraité et qui n'ont plus d'enfants vivant avec eux.

Si cette nomenclature ne parvient pas à intégrer la totalité de l'échantillon (les célibataires de plus de 35 ans, par exemple, en sont exclus), elle permet à ses auteurs de montrer qu'il ne faut pas associer trop rapidement jeunesse et biens d'équipement technologiques. Il apparaît en effet que les enquêtés du « nid vide » et ceux « à la retraite » sont, pour certains équipements comme la machine à laver ou la voiture, mieux pourvus que les personnes « célibataires » ou « en couple », pourtant plus jeunes. Ce résultat s'explique par deux phénomènes : d'une part, certains ménages ne s'équipent qu'après la naissance des enfants ; d'autre part, ceux dont les enfants sont partis conservent les appareils qu'ils ont acquis dans la phase antérieure de leur cycle de vie et qu'ils ont intégrés dans leurs habitudes.

• *Une nomenclature de la vieillesse selon le « statut fonctionnel »*

Lorsqu'on s'intéresse exclusivement à la population âgée, une autre manière d'élaborer une nomenclature ne reposant pas sur l'âge chronologique consiste à la fonder sur le « statut fonctionnel » *i.e.* l'aptitude de l'individu à accomplir ses activités quotidiennes[1]. Cet indicateur de l'âge apparaît en effet particulièrement pertinent : l'autonomie est la principale norme à laquelle doit se conformer l'individu contemporain, si bien que sa capacité ou son incapacité fonctionnelle sont déterminants dans la définition de son statut social. À partir d'un ensemble d'actes de la vie quotidienne tels que « couper et manger ses aliments » ou « monter et descendre un escalier », Christian Lalive d'Épinay et son équipe définissent trois catégories fonctionnelles qui correspondent aux trois étapes de la nomenclature proposée : les « indépendants » accomplissent sans difficultés tous les actes retenus, les « fragiles » ont des difficultés à accomplir seuls un acte ou plusieurs, les « handicapés » ou « dépendants » sont dans l'incapacité d'accomplir seuls au moins un acte.

1. C. Lalive d'Epinay et alii, « Comment définir la grande vieillesse? », *L'Année Gérontologique*, 1999, p. 64-83.

La répartition dans la nomenclature de « statut fonctionnel » diffère fortement de la répartition usuelle en tranches d'âge : la catégorie des « handicapés » comporte certes une majorité de personnes de 80-94 ans, mais également une forte minorité de personnes de 60-79 ans ; réciproquement, les 80 ans et plus sont pour moitié « indépendants », pour l'autre moitié « handicapés » ou « fragiles ». Ces résultats montrent qu'il est peu pertinent de recourir, comme on le fait souvent, à un seuil chronologique pour définir le « quatrième âge ». Une telle catégorisation est même pernicieuse puisqu'elle tend faussement à assimiler l'ensemble des personnes très âgées à des personnes « dépendantes ». Enfin, une variante de cette nomenclature, appliquée à des données longitudinales recueillies auprès d'une cohorte d'environ 300 octogénaires suisses, âgés de 80 à 84 ans lors de la première vague de l'enquête (en 1994) et suivis pendant près de dix ans, permet d'étudier comment évoluent différents indicateurs (d'activités, mais aussi de bien-être) lorsqu'on passe d'un statut fonctionnel à un autre : la transition entre la fragilité et la dépendance apparaît ainsi particulièrement délicate à gérer puisqu'elle se traduit par un double déclin, des activités et du bien-être[1].

2. Diversité des modes de vie, pluralité des typologies

Les résultats des enquêtes quantitatives nous ont déjà offert un premier aperçu de la diversité des pratiques de la population âgée. Pour aller plus loin, les sociologues ont proposé des typologies des modes de vie à la retraite. Ces typologies sont elles-mêmes dissemblables : certaines portent sur le contenu des pratiques, d'autres sont des typologies compréhensives.

2.1 Deux typologies des pratiques de retraite

Les deux premières typologies que nous allons présenter s'intéressent au même objet – les pratiques de retraite – et reposent l'une et l'autre sur un matériau quantitatif. Elles procèdent cependant de deux démarches très

1. J.-F. Bickel, M. Girardin Keciour, « De l'impact de la fragilité sur la vie quotidienne », *Gérontologie et société*, n°109, 2004, p. 63-82.

différentes, hypothético-déductive pour la première, empirique et inductive pour la seconde.

• *Une démarche hypothético-déductive*

À la fin des années 1960[1], Anne-Marie Guillemard propose d'analyser les déterminants sociaux des conduites des retraités en les considérant non comme des réactions individuelles au vieillissement, mais comme des « pratiques sociales », c'est-à-dire « comme expressions de l'état des rapports sociaux ».

Pour rendre opérationnelle sa variable dépendante, elle construit une typologie des pratiques de retraite en retenant deux dimensions. La première oppose le pôle de la production, matérielle ou idéologique, à celui de la consommation. La seconde lui permet de distinguer trois « niveaux d'orientation des conduites » selon l'articulation entre Nature et Culture, ou encore entre « être biologique » et « être social » : la première orientation est marquée par un repli sur l'être biologique (notée N/–); la deuxième, tournée vers l'être social, consiste en des pratiques socialement légitimes (notée –/C) ; la troisième se caractérise par une adhésion ou une opposition à la place faite aux plus âgés dans la société (notée N/C). En croisant ces deux dimensions, on obtient (cf. tableau) six types logiques et cinq types théoriques, la distinction production/consommation n'ayant pas vraiment de sens dans le cas d'un repli sur l'être biologique.

Typologie des pratiques de retraite
selon Anne Marie-Guillemard

	N/–	–/C	N/C
Production	Retraite-retrait	Retraite-3ème âge	Retraite-revendication
Consommation		Retraite-consommation	Retraite-participation

1. A.-M. Guillemard, *La Retraite, une mort sociale*, Paris, Mouton, 1972.

- La retraite-retrait se caractérise par des activités qui « se limitent à des actes purement fonctionnels, destinés à l'entretien de la vie (se nourrir, dormir, se laver, se soigner, etc.) ».
- Dans la retraite-troisième âge, le retraité développe une nouvelle activité créatrice qui prend la place de son activité professionnelle (par exemple, une activité de création artistique ou littéraire, une collection de timbres, le jardinage).
- La retraite-consommation peut prendre deux formes : d'une part, la retraite-loisirs, « centrée sur la consommation de masse » (voyages, vacances, spectacles), d'autre part, la retraite-famille, centrée sur les relations familiales.
- La retraite revendication renvoie à « toute pratique tendant à contester la place qui est faite aux vieillards dans la société » et à mettre en avant le rôle social des retraités.
- Dans la retraite-participation, les pratiques marquent une « adhésion à la société » qui « se manifeste par une participation intense » à travers la consommation des mass media.

Anne-Marie Guillemard pose ensuite que les déterminants sociaux des pratiques de retraite sont les ressources accumulées pendant la vie de travail sous la forme de Biens (le revenu, l'étendue des relations sociales, le degré de vieillissement, l'état de santé) ou de Potentialités (le niveau d'instruction, la situation de travail antérieure plus ou moins propice à la prise d'initiatives, l'existence d'une activité hors travail). Puis, elle explicite le lien entre ressources et pratiques à travers plusieurs hypothèses :

- celui qui n'a ni Biens ni Potentialités tendra à développer une retraite-retrait ;
- celui qui ne dispose que d'un seul type de ressources développera soit une retraite-revendication si ces ressources sont des Potentialités, soit une retraite-participation si ces ressources sont des Biens ;
- celui qui dispose des deux types de ressources, mais de façon inégale, développera soit une retraite-troisième âge s'il a davantage de Potentialités que de Biens, soit une retraite-consommation dans le cas inverse.

Un traitement statistique permet finalement à l'auteur de valider ces hypothèses et de les affiner en repérant quelles sont, parmi les diverses ressources, celles dont l'impact est le plus important. Ainsi, l'état de santé, l'âge biologique et le fait d'avoir eu une tâche d'exécution au cours de sa vie professionnelle sont les variables les plus fortement corrélées à la retraite-retrait alors que l'influence du revenu est très faible. Ce type de la retraite-retrait, « qu'il serait plus conforme à la réalité d'appeler présence de la mort » est aussi le plus répandu : c'est lui qui donne son titre à l'ouvrage.

Ce dernier résultat, établi à partir d'une enquête réalisée à la fin des années 1960, doit être actualisé. Revenant, au début des années 2000, sur cette typologie des modes de vie à la retraite, Anne-Marie Guillemard note que la retraite-retrait a régressé, qu'à l'inverse la retraite-loisirs s'est développée et que la retraite-troisième âge prend aujourd'hui la forme d'une retraite-solidaire soucieuse d'utilité sociale[1].

• *Une démarche empirique et inductive*

La typologie proposée, au début des années 1980, par la Fondation nationale de gérontologie (FNG) repose aussi sur un matériau quantitatif, mais son mode d'élaboration est plus empirique et inductif[2]. Elle est fondée, en effet, sur une analyse factorielle portant sur les réponses de retraités âgés de 62 ans à des questions concernant leurs activités, leur sociabilité et leurs sentiments par rapport à la retraite.

Cette analyse factorielle fait apparaître les trois axes principaux qui organisent les pratiques. Le premier axe oppose ceux qui ont des activités nombreuses et diverses à ceux qui ont peu d'activités. Le deuxième différencie les activités selon leurs caractéristiques : plutôt « traditionnelles » (comme les boules, la pêche ou le bricolage) ou plutôt « nouvelles » (comme la gymnastique, le cinéma ou la visite de musées). Le troisième axe, enfin, a trait à la sociabilité.

---

1. A.-M. Guillemard, « De la retraite mort sociale à la retraite solidaire », *Gérontologie et société*, n° 102, 2002, p. 53-66.
2. P. Paillat (sd), *Passages de la vie active à la retraite*, Paris, PUF, 1989.

Cinq types de vie à la retraite peuvent alors être définis : la retraite-loisir (29 % de l'échantillon), la retraite conviviale (20 %), la retraite intimiste (20 %), la retraite retranchée (18 %) et la retraite-abandon (13 %). Ces différents types se positionnent différemment sur chacun des trois axes, comme le récapitule le tableau ci-dessous.

Tableau synthétisant les résultats de l'analyse factorielle de la FNG

	1er axe : niveau des activités	**2e axe : caractéristiques des activités**	**3e axe : niveau et nature de la sociabilité**	**Catégories surreprésentées**
Retraite-loisir	fort	nouvelles	moyen ; associative plus que familiale et amicale	Cadres, employés, femmes
Retraite conviviale	fort	traditionnelles	fort ; familiale, amicale et associative	Ouvriers, hommes
Retraite intimiste	moyen	traditionnelles	moyen	Ouvriers, hommes
Retraite retranchée	faible	traditionnelles	moyen ; surtout familiale	Cadres, femmes, personnes seules
Retraite-abandon	très faible	-	faible	employés, ouvriers, femmes, personnes seules

Cette typologie, comme la précédente, permet de repérer les déterminants sociaux de chacun des styles de vie (cf. tableau). On note que les affinités entre positions sociales et styles de vie à la retraite existent, mais qu'elles ne sont pas univoques : les cadres sont surreprésentés dans la retraite-loisir ainsi que dans la retraite retranchée ; les employés et les femmes le sont à la fois dans la retraite-loisir et dans la retraite-abandon ; avoir été ouvrier conduit plutôt à adopter une retraite abandon, conviviale ou intimiste.

• *Une possible correspondance entre les deux typologies ?*

Au-delà des différences évidentes entre la recherche d'Anne-Marie Guillemard et celle de la FNG, réalisée quinze ans plus tard et qui ne porte que sur les jeunes retraités, on peut s'interroger sur les éventuelles ressemblances entre les typologies proposées. Pascal Pochet[1] a tenté l'exercice de leur mise en correspondance : la retraite-retrait ne lui paraît pas très différente de la retraite-abandon, la retraite-troisième âge de la retraite-loisir, la retraite-participation de la retraite retranchée et la retraite-consommation de la retraite-conviviale. « Au bout du compte, conclut-il, seule la retraite-revendication a disparu en tant que groupe autonome. À l'inverse, la retraite-intimiste ne formait pas un groupe constitué quinze ans plus tôt. »

Il nous semble difficile, cependant, d'aller au-delà du constat de vagues ressemblances, du fait de deux différences fondamentales entre ces typologies. Tout d'abord, la typologie d'Anne-Marie Guillemard propose des idéaux-types et non des types réels alors que celle de la FNG se veut une description réaliste des pratiques de retraite : dans le premier cas, les enquêtés peuvent être proches de plusieurs types, dans le second, chaque individu appartient à un type et un seul. Par ailleurs, les dimensions constitutives de chaque typologie ne sont pas les mêmes. Pour ne prendre qu'un exemple, la retraite-loisir de la FNG diffère sensiblement de la retraite-troisième âge d'Anne-Marie Guillemard : les activités « traditionnelles » comme le jardinage ou le bricolage sont partie prenante de la retraite-troisième âge alors qu'elles sont exclues de la retraite-loisir et, à l'inverse, les activités de l'ordre de la consommation (comme les pratiques sportives et les visites culturelles) s'intègrent dans la retraite-loisir, mais pas dans la retraite-troisième âge.

1. P. Pochet, *Les Personnes âgées*, Paris, La Découverte, 1997.

2.2 Une typologie compréhensive

La typologie proposée dans *Vieillesses*[1] se distingue doublement des précédentes car elle vise à repérer les valeurs sous-jacentes aux pratiques ; elle repose sur un matériau qualitatif constitué d'entretiens réalisés, en 1979, avec des personnes âgées vivant dans deux cantons suisses, le canton de Genève – urbain – et celui du Valais – semi-rural. Les fondements théoriques de l'analyse sont classistes et culturalistes : ils reposent sur l'hypothèse qu'à chaque classe se trouve associé un *ethos*, défini comme « l'ensemble des croyances, valeurs, normes et modèles qui orientent le comportement ». Le style de vie est alors l'expression de cet ethos, c'est-à-dire son extériorisation en un certain nombre de pratiques sociales. Une analyse de discours permet de dégager six modèles d'ethos, les trois premiers caractérisant les classes populaires, les trois autres les classes supérieures.

– les agriculteurs du Valais, qui composent la classe populaire rurale, ont une identité ancrée dans trois référentiels : la famille, le village et la terre. Leur vision du monde est profondément religieuse. La modernité suscite chez eux, notamment chez les femmes, des sentiments ambivalents : elle est condamnée moralement, mais l'amélioration des conditions matérielles est appréciée. Pour ces agriculteurs, le problème de la quête de nouvelles activités au moment de la retraite ne se pose pas puisqu'ils poursuivent, à un rythme plus lent, leurs activités antérieures ;
– l'ethos de la classe populaire urbaine, composée d'anciens ouvriers et d'employés faiblement qualifiés, se caractérise par un « hédonisme stoïque ». Celui-ci est marqué, d'un côté, par une installation dans le présent et le désir de profiter des menus plaisirs de l'existence et, de l'autre, par l'acceptation du destin contre lequel il n'est pas possible de lutter. Les pratiques investies tournent autour de la famille et du quartier, espace approprié à travers les déplacements quotidiens et l'observation de ce qui s'y passe ;

1. C. Lalive d'Epinay et alii, *Vieillesses*, Saint-Saphorin, Editions Georgi, 1983; C. Lalive d'Epinay, *Vieillir ou la vie à inventer*, Paris, L'Harmattan, 1991.

- les petits possédants sont d'anciens employés de bureau, petits indépendants et membres de la maîtrise ouvrière – on a ici un décalage entre classe sociale et ethos – que rapproche la détention d'une petite propriété. Leur ethos est celui du « ça m'suffit ». Leur vie de retraite est, en effet, consacrée à la jouissance de leur bien immobilier chèrement gagné : ils s'y retirent, mènent une vie casanière et limitent leur sociabilité à la famille, parfois réduite au couple. Leur vision du monde est marquée par le sentiment d'une décadence de la société dont ils se protègent en se repliant sur leur espace domestique ;
- les cadres supérieurs de la première génération ont pour caractéristique commune un statut élevé obtenu grâce à leur investissement dans le travail. Fortement conscients de leur individualité, ils valorisent le travail, la volonté, l'intelligence qui ont permis leur réussite sociale. Aussi, le risque de vivre la retraite comme une « grande cassure » et une « mort sociale » est-il important, à moins qu'un engagement associatif ne vienne se substituer à l'investissement professionnel ;
- les bourgeois diffèrent des cadres supérieurs non seulement par leur profession, plus souvent libérale, mais aussi par leur origine sociale bourgeoise. Leur ethos, une variante du précédent, est marqué par la volonté de maintenir son rang. Leurs pratiques de retraite se caractérisent par un fort investissement familial et associatif, ce dernier étant facilité par leur réseau familial, précieux pour trouver une activité de substitution ;
- la petite bourgeoisie intellectuelle, enfin, est composée d'enseignants, de religieux et de membres des professions sociales et paramédicales. Elle se définit avant tout par sa participation à la vie sociale et culturelle et par des valeurs religieuses ou humanistes. Après la retraite, il apparaît nécessaire aux porteurs de cet ethos de continuer à œuvrer pour ce qui fait sens dans leur existence, en particulier à travers le maintien des relations sociales et l'engagement dans des activités sociales et culturelles. Aussi, la crainte de l'affaiblissement des forces et de la déchéance physique est-elle particulièrement forte : elle signifie « la perte de l'aptitude à faire ce que l'on doit faire pour rester qui l'on est ».

Si cette typologie compréhensive apparaît d'une grande richesse, on peut s'étonner de la correspondance assez précise qu'elle établit entre positions sociales et styles de vie à la retraite. Ce résultat s'éclaire si l'on se souvient que les personnes interrogées sont nées avant 1915. Pour ces cohortes du début du siècle, les milieux sociaux formaient des entités plus homogènes qu'aujourd'hui, porteurs de visions du monde fortement contrastées. Pour la même raison, l'espace social dépeint se trouve partagé entre classes supérieures et classes populaires : la classe moyenne et son ethos de l'épanouissement de soi n'apparaissent qu'en filigrane dans la petite bourgeoisie intellectuelle.

Les analyses typologiques présentent deux vertus : elles permettent de prendre toute la mesure de la diversité du groupe d'âge des « personnes âgées » et elles proposent un panorama de cette diversité en l'organisant autour de quelques modèles. Le problème est qu'il y a autant de panoramas que de typologies. C'est la diversité des démarches utilisées qui explique leur caractère dissemblable. En effet, bien qu'elles se proposent toutes de rendre compte des modes de vie à la retraite, les unes s'y emploient en étudiant les pratiques et les autres en s'intéressant aux significations sous-jacentes aux pratiques, certaines font reposer leur typologie sur une élaboration conceptuelle préalable à l'enquête de terrain tandis que d'autres l'établissent de manière inductive sur des données quantitatives ou à partir d'entretiens. Il est donc particulièrement difficile de les mettre en correspondance.

3. Un groupe d'âge qui peut se mobiliser

Quoique diverses, les typologies des modes de vie à la retraite délivrent le même message : le groupe d'âge des « personnes âgées » est d'une grande hétérogénéité. Pourtant, cette hétérogénéité ne constitue pas un obstacle rédhibitoire à la mobilisation. En France, les retraités cherchent à faire entendre leur voix ; aux États-Unis, leur mobilisation est plus massive et plus ancienne.

3.1 Associations et mobilisations de retraités en France

En France, le mouvement revendicatif des retraités est porté par deux grands types d'organisations, d'un côté les sections de retraités des syndicats de salariés, de l'autre des fédérations d'associations de retraités. Ces dernières, contrairement aux unions syndicales, se veulent les porte-parole des retraités en tant que groupe social spécifique. Pour retracer la genèse de ce mouvement social, il faut remonter à la création d'associations de retraités au cours des années 1970 et 1980.

• *Des clubs du troisième âge aux associations de préretraités*

Le développement de ces associations a été fortement articulé aux politiques de la vieillesse. D'abord créées pour les retraités, elles l'ont ensuite été par eux-mêmes.

Dans un premier temps, à la suite des préconisations du rapport Laroque, un grand nombre de clubs du troisième âge ont vu le jour, souvent sous l'impulsion et avec le soutien des municipalités et, en milieu rural, de la Mutualité Sociale Agricole : on en comptait 2000 en 1972 et 20 000 en 1983. Ces clubs[1], en offrant aux retraités un lieu de sociabilité et des activités (jeux de société, sorties, voyages), ont participé à la définition du « troisième âge » comme classe de loisirs : fréquentés essentiellement par les milieux populaires, ils ont constitué des lieux de diffusion des pratiques des classes moyennes. Les clivages sociaux n'en ont pas moins été maintenus car les retraités des classes moyennes se sont plutôt dirigés vers les universités du troisième âge.

Au tournant des années 1970, après que la politique de la vieillesse s'est réorientée vers l'éviction des travailleurs âgés du marché du travail, de nouvelles associations sont apparues, fondées par des préretraités qui refusaient le verdict d'inutilité sociale signifié par leur licenciement. Dans une étude portant sur la région Lorraine, Monique Legrand[2] propose d'en distin-

1. A.-M. Guillemard, *La Vieillesse et l'Etat*, Paris, PUF, 1980.
2. M. Legrand, « Du néo-bénévolat au "nouvel âge" », *Gérontologie et Société*, n° 55, 1990, p. 59-69.

guer trois grands types. Les unes sont des associations d'information et de défense des intérêts des préretraités, pour lesquelles le décret Bérégovoy de novembre 1982 réduisant les indemnisations de préretraite a joué un rôle de catalyseur. D'autres sont des associations d'animation culturelle qui ont cherché à se démarquer des clubs du troisième âge en se fixant par exemple pour objectif la dynamisation de la vie culturelle locale. D'autres encore sont des associations de travail bénévole dont le but a consisté à permettre aux retraités qui le souhaitaient de poursuivre leur engagement professionnel dans des activités d'« utilité sociale ».

• *La naissance d'un mouvement de défense des retraités*

Regroupées en fédérations qui rassemblent, pour les unes, des associations nées dans la mouvance de la politique du troisième âge et, pour les autres, des associations de préretraités créées dans une optique protestataire, les organisations de retraités ont progressivement élargi leur champ de préoccupations. Jean-Philippe Viriot-Durandal montre que cet élargissement s'est effectué en réaction aux politiques publiques menées dans les années 1980 et 1990[1]. Ainsi, les associations de retraités ont été amenées à prendre position sur la question des revenus lorsqu'elles ont été confrontées à la faible revalorisation des pensions. Elles ont aussi réagi à l'introduction de la Contribution sociale généralisée (CSG) et dénoncé la « discrimination fiscale » touchant les retraités qui, contrairement aux actifs, n'ont pu bénéficier en contrepartie d'une baisse de cotisations sociales. Puis, elles se sont engagées dans le débat sur la création d'une allocation dépendance. En élargissant de la sorte leur espace de revendication, les différentes organisations se sont retrouvées sur des terrains communs et ont peu à peu passé des alliances entre elles. Ces alliances ont été facilitées par leur regroupement au sein du Comité national des retraités et personnes âgées (CNRPA), instance consultative auprès des pouvoirs publics mise en place en 1982 à l'initiative du gouvernement Mauroy et qui a constitué, pour ces associations, une première reconnaissance officielle. Enfin, un dernier combat a réuni les fédérations

1. J.-P. Viriot-Durandal, *Le Pouvoir gris. Sociologie des groupes de pression de retraités*, Paris, PUF, 2003.

d'associations de retraités, tout en les opposant aux organisations syndicales : la revendication d'un statut de partenaire social, représentant les retraités dans différents organismes consultatifs (comme le Conseil économique et social) et décisionnels comme la Caisse nationale d'assurance vieillesse (CNAV). Les actions « classiques » menées auprès des pouvoirs publics (contacts avec les parlementaires et les cabinets ministériels, interpellation des candidats aux élections) ayant rencontré peu de succès, les organisations non syndicales se sont tournées, au milieu des années 1990, vers de nouvelles formes d'action (notamment des manifestations de rue) et les quatre plus importantes fédérations se sont regroupées, en 2000, au sein de la Confédération française des retraités (CFR).

Un autre facteur explique l'émergence de ce mouvement revendicatif : l'arrivée de nouvelles cohortes à l'âge de la retraite. Les retraités et préretraités des années 1990 et 2000 appartiennent plus souvent aux classes moyennes et ont un niveau d'instruction plus élevé que les générations précédentes. Davantage influencés par les valeurs individualistes et post-matérialistes, ils ont une moindre déférence à l'égard des autorités instituées et sont plus attachés aux valeurs de participation des citoyens. Or, ce sont ces retraités des classes moyennes qui sont à la pointe du mouvement non syndical. Ces nouveaux retraités des classes moyennes veulent continuer à jouer un rôle actif dans la société et à avoir une emprise sur elle. Ils se situent dans une logique d'*empowerment* – pour reprendre la notion mobilisée par Jean-Philippe Viriot-Durandal. De même qu'ils s'engagent plus volontiers dans des activités de solidarité, ils souhaitent peser sur les décisions politiques qui les concernent. C'est cette aspiration que portent les organisations de retraités, qui en viennent ainsi à poser la question des modes de représentation des intérêts sociaux et, au-delà, celle des relations entre âge et pouvoir.

En France, ce mouvement revendicatif reste cependant modeste. Les associations de retraités mettent certes en avant un nombre important d'adhérents (2 millions pour la CFR), mais elles peinent à mobiliser une population âgée dont les caractéristiques et les intérêts demeurent très divers et, disposant d'une capacité d'expertise limitée, elles ne pèsent guère sur le débat public. Par ailleurs, d'autres acteurs que les associations de retraités apparaissent aujourd'hui sur des thématiques qui concernent la vieillesse : organisations de cadres quinquagénaires défendant l'emploi des seniors, mouvements plurigénérationnels ou encore associations de familles de personnes âgées dépendantes[1].

3.2 La mobilisation des retraités aux États-Unis

Les États-Unis constituent un contrepoint intéressant au cas français : la vie associative y est particulièrement dynamique, et la mobilisation des retraités bien plus importante qu'en France. Ces différences s'enracinent dans deux conceptions dissemblables de l'intérêt général : perçu, en France, comme transcendant les intérêts individuels et devant résister aux pressions « corporatistes », il est considéré, aux États-Unis, comme une émanation des intérêts particuliers, un équilibre qui émerge de leur affrontement. Aussi le bon fonctionnement de la démocratie américaine suppose-t-il que les citoyens puissent faire valoir leurs intérêts, qu'ils se regroupent en associations et que celles-ci agissent en groupes de pression. C'est dans ce contexte favorable qu'a émergé, dans les années 1930, le mouvement Townsend et que se sont développées, après la Seconde Guerre mondiale, les nombreuses organisations qui défendent aujourd'hui les intérêts des retraités.

• *Le mouvement Townsend*

Le mouvement Townsend s'est structuré autour de la défense d'un plan proposé, en 1933, par un ancien médecin de 67 ans révolté par le spectacle de la misère, le Dr Townsend. Ce plan prévoyait d'attribuer à chaque citoyen âgé de plus de 60 ans une pension mensuelle de 200 dollars, sous réserve que cette somme soit dépensée dans les trente jours. Il visait à la fois à aider la population âgée durement touchée par la crise, à trouver une solution au chômage des jeunes par le retrait des plus âgés du marché du travail et, plus largement, à sortir de la dépression par la relance de la consommation. La proposition de Townsend rencontra un énorme succès dans la population âgée : un grand nombre de clubs se créèrent à travers le pays et il semble que les adhésions se soient élevées à 1,5 million de personnes en 1936, soit un

1. J.-P. Viriot-Durandal, « Politiques de la vieillesse et solidarités sous pression », *in* S.Paugam (ed.), *Repenser la solidarité*, Paris, PUF, 2007, p. 335-353.

dixième de la population âgée. Présenté par deux fois au Congrès en 1935 et 1939, le projet de Townsend fut rejeté et, après 1940, le mouvement perdit de son importance avant de s'éteindre au début des années 1950. On peut cependant considérer que cette mobilisation a contribué à placer la question des retraites au cœur des préoccupations de l'État fédéral et que l'adoption du *Social Security Act*, en 1935, a constitué une réponse à l'inquiétude qui s'est alors manifestée, en même temps qu'une alternative au plan Townsend[1].

Parmi les interprétations avancées pour expliquer cette mobilisation collective singulière, on peut retenir ici celle qui souligne le rôle joué par l'âge[2], dénominateur commun des adhérents du mouvement Townsend. Le message des leaders du mouvement, empreint de références bibliques, était en effet en phase avec les valeurs de la génération âgée des années 1930, imprégnée de l'idéologie de la « frontière ». Par ailleurs, les adhérents, arrivés au même stade de leur existence, partageaient les mêmes expériences : les difficultés économiques liées à la dévalorisation des travailleurs âgés, l'inquiétude quant à la perspective de devenir financièrement dépendants de leurs enfants, l'absence de rôle social pour ceux qui n'avaient plus d'emploi. Ce sentiment d'inutilité, durement ressenti par cette génération laborieuse, semble avoir constitué l'un des moteurs du succès du mouvement et explique que le phénomène du « passager clandestin » n'ait guère entravé la mobilisation : loin de constituer un coût, l'engagement dans les clubs Townsend donnait aux adhérents l'occasion d'avoir des contacts et d'être actifs.

• *Les organisations de retraités dans la seconde moitié du XXe siècle*

À partir des années 1950, de nouvelles organisations de retraités sont apparues aux États-Unis[3]. Mais c'est surtout dans les années 1970 qu'elles se sont développées, après la consolidation du régime public des retraites. Ces

1. D. Béland, *Une sécurité libérale? La politique des retraites aux États-Unis*, Paris, LGDJ, 2001.
2. C. Elman, « An Age-Based Mobilisation: The Emergence of Old Age in American Politics », *Ageing and Society*, vol. 15, 1995, p. 299-324.
3. J.-P. Viriot-Durandal, *op. cit.*; D. Béland, J.-P. Viriot-Durandal, « L'expertise comme pouvoir: le cas des organisations de retraités face aux politiques publiques en France et aux Etats-Unis », *Lien social et Politiques*, 2003, p. 105-123.

organisations combinent défense des intérêts des retraités et offre de services marchands.

L'histoire de la plus importante d'entre elles, l'American Association of Retired Persons (AARP), qui compte 36 millions d'adhérents, est instructive. L'AARP trouve son origine dans une association, créée en 1947, dont l'objectif était de proposer aux enseignants retraités une assurance santé, le programme Medicare n'existant pas encore à l'époque. En devenant, en 1958, l'AARP, elle s'est ouverte à l'ensemble des retraités et a progressivement étendu son offre de prestations : assurance-automobile, livraison de médicaments à domicile, tarifs préférentiels dans le domaine du tourisme et des transports, etc. Parallèlement, elle a lancé une première campagne de lutte contre les pratiques de discrimination liée à l'âge dans les contrats d'assurances automobile, puis a professionnalisé peu à peu ses actions de lobbying. Aujourd'hui, du fait de la plus grande porosité des frontières entre retraités et actifs – la reprise d'une activité après la retraite se fait plus fréquente aux États-Unis –, le critère d'adhésion n'est plus le statut de pensionné, mais l'âge de 50 ans.

Puissant, rassemblant un nombre important d'adhérents, le mouvement des retraités américain est aussi éclaté. À côté des grandes organisations comme l'AARP, on compte des mouvements de militants comme les Gray Panthers ainsi que de multiples associations fondées sur une base ethnolinguistique ou religieuse, qui s'inscrivent dans ce que Jean-Philippe Viriot-Durandal appelle les « préstructurations communautaires » de la société américaine. Les différentes organisations de retraités forment des alliances entre elles, mais il arrive aussi qu'elles adoptent des positions opposées. Ce fut le cas en 1993, à l'occasion d'un projet de loi qui prévoyait d'étendre la couverture médicale des plus de 65 ans et de prendre en charge certains risques liés à la dépendance. Ce projet de loi, soutenu par l'AARP, fut attaqué par d'autres organisations de retraités. En effet, le mode de financement proposé, reposant exclusivement sur les plus de 65 ans, suscita une double opposition, certains étant hostiles à toute augmentation de la pression fiscale, d'autres condamnant son caractère discriminatoire et refusant que seuls les plus âgés soient mis à contribution. En fin de compte, le projet fut abandonné.

Pour comprendre la mobilisation éventuelle du groupe d'âge des personnes âgées, plusieurs phénomènes doivent donc être pris en considération : le contexte politique, plus ou moins favorable au développement de groupes de pression, dotés en ressources d'expertise et disposant de moyens institutionnels de faire entendre leurs revendications ; l'histoire de la politique de la vieillesse et de ses orientations successives ; les caractéristiques sociales de la population âgée. Seule une alchimie particulière de ces éléments permet l'émergence d'une mobilisation pérenne de cet ensemble si dissemblable.

4. L'étude de populations âgées particulières

L'hétérogénéité des « personnes âgées », ainsi que les contraintes qui pèsent sur la recherche – un budget souvent limité et la nécessité de cibler des objets précis –, expliquent le développement de travaux portant sur des populations âgées particulières : les jeunes retraités, les personnes très âgées, les personnes âgées dépendantes, les personnes vivant en maison de retraite et, plus récemment, les personnes âgées immigrées.

4.1 Les jeunes retraités et les premières années de retraite

Il ne faut pas sous-estimer les différences qui traversent la population des « jeunes retraités ». Les styles de vie qu'ils adoptent sont divers, comme le montre la typologie de la FNG présentée plus haut, et leurs représentations de la vie à la retraite se trouvent partagées entre le modèle du repos et celui de l'épanouissement de soi, plus répandu dans les classes moyennes : ces deux modèles sont, par exemple, au principe d'attitudes différentes par rapport à la télévision, passe-temps légitime pour les uns, objet pour les « vieux » et symbole du style de vie qu'ils rejettent pour les autres. Les travaux sur les jeunes retraités[1], qui portent sur des échantillons constitués

1. Voir notamment M. Legrand (ed.), *La Retraite : une révolution silencieuse*, Toulouse, Eres, 2001.

le plus souvent de personnes de moins de 70 ans, permettent néanmoins de préciser certaines tendances des premières années de retraite, qui apparaissent comme le temps de la mobilité, de la vie conjugale ainsi que de la grand-parenté et de l'aide aux parents âgés.

• *Le temps de la mobilité*

La mobilité peut d'abord être résidentielle et prendre la forme de migrations de retraite[1]. Celles-ci se concentrent, pour l'essentiel, dans les premières années qui suivent la cessation d'activité. À Paris, elles concernent plus du quart des retraités, un peu plus les employés et ouvriers qualifiés que les autres catégories sociales, alors que dans les grandes villes de province, elles sont deux fois moins fréquentes et plus répandues en haut de l'échelle sociale.

Le phénomène semble cependant avoir légèrement reculé depuis le début des années 1980. La migration de retraite se trouve en effet concurrencée par un type de mobilité non pas définitif, mais temporaire, sous la forme de séjours ou de voyages. Ainsi, trois ans après leur retraite, le quart des retraités parisiens de 1984 étaient absents de Paris plus de trois mois par an, faisant preuve d'une « multiple fidélité aux lieux » qui, nous le verrons, est également au principe des pratiques de transmigration des immigrés retraités. Cette forte mobilité des jeunes retraités n'est pas sans conséquences sur d'autres aspects de leur mode de vie : elle constitue un cadre propice à l'acquisition et à l'usage de technologies comme Internet, le téléphone portable ou encore le caméscope. Être mobile à l'heure de la retraite tend aussi à s'imposer comme une norme : ceux qui ne parviennent pas à s'y conformer, pour des raisons économiques ou de santé, se sentent laissés pour compte et assignés à résidence[2].

1. F. Cribier, « Quand les citadins quittent leur ville à la retraite », *Retraite et Société*, n° 10, 1995, p. 6-25.
2. A.-F. Wittmann, « Vieillir dans une cité: un double stigmate », *Sociétés Contemporaines*, n° 51, 2003, p. 107-128.

• *Le temps de la vie conjugale*

La vie des jeunes retraités est majoritairement conjugale et elle l'est davantage pour les hommes que pour les femmes. Elle l'est aussi de plus en plus souvent : non seulement l'âge du veuvage recule, mais les personnes veuves, divorcées et célibataires cohabitent aussi plus souvent avec un conjoint sans être mariées.

Comment cette vie conjugale s'organise-t-elle ? Si la répartition des tâches domestiques apparaît assez peu différente de ce qu'elle était avant la retraite, les conjoints doivent négocier une nouvelle « bonne distance » qui satisfasse à la fois leur désir de rapprochement conjugal et le besoin d'indépendance personnelle de chacun[1]. Ce nouvel équilibre doit être trouvé à l'intérieur de l'espace domestique, à travers la définition de zones personnelles. Il concerne également les sorties, les conjoints devant décider s'ils privilégient les activités extérieures (attitude *centrifuge*) ou intérieures (attitude *centripète*) et s'ils souhaitent réaliser toutes leurs activités extérieures en commun (attitude *fusionnelle*) ou se réserver des temps de sortie individuels (attitude *indépendante*). Nombre d'insatisfactions conjugales qui se manifestent à ce moment de l'existence naissent ainsi d'une divergence d'attitudes sur la question des sorties.

La nouvelle conception de la retraite comme moment d'épanouissement et de réalisation de soi rend davantage nécessaire la présence du conjoint. Cette valorisation de la vie conjugale explique un phénomène en expansion : la formation d'un nouveau couple à l'âge de la retraite. Une enquête permet d'observer la diversité des formes conjugales alors adoptées[2]. En effet, beaucoup refusent le mariage, soit pour des raisons pragmatiques – ne pas perdre sa pension de réversion, ne pas prendre le risque de froisser ses enfants –, soit par fidélité au conjoint décédé. Par ailleurs, ces couples conservent parfois deux logements et organisent leur existence selon une cohabitation *intermittente* ou *alternée*. Dans le premier cas, les conjoints ne vivent pas constam-

1. V. Caradec, « Le problème de la "bonne distance" » conjugale au moment de la retraite », *Revue française de sociologie*, XXXV-1, 1994, p. 101-124.
2. V. Caradec, « Les formes de la vie conjugale des "jeunes" couples "âgés" », *Population*, n° 4-5, 1996, p. 897-928.

ment ensemble et partagent leur temps entre des périodes de vie commune et des périodes où chacun vit dans son propre logement. Dans le second cas, les deux conjoints vivent continûment ensemble, alternativement chez l'un et chez l'autre. Le souhait des conjoints de conserver leurs deux logements renvoie à différentes motivations : la prudence qui les incite à se ménager une position de repli en cas de mésentente ou de décès du partenaire, le souci d'indépendance exprimé par certaines femmes, l'attachement à leur logement qui est le lieu des souvenirs et de rassemblement des enfants et des petits-enfants, l'attachement aussi à leur quartier et à leur réseau de sociabilité.

• *Le temps de la grand-parenté et de l'aide aux parents âgés*

C'est, en moyenne, au début de la cinquantaine que l'on devient grand-parent. Aussi, les premières années de la retraite sont-elles, avec les dernières années de la vie active, le temps de la grand-parenté, celui de la garde des petits-enfants en bas âge, des contacts fréquents et des vacances en commun. Par la suite, lorsque les petits-enfants grandissent, les rencontres se font plus rares et les relations sont de plus en plus médiatisées par les parents, qui font alors circuler l'information entre les générations alternes.

Les relations entre grands-parents et jeunes petits-enfants[1] sont aujourd'hui moins marquées par le formalisme qu'il y a une cinquantaine d'années et se caractérisent par la valorisation des sentiments. Il convient cependant d'en souligner la diversité. D'une part, l'engagement dans le rôle grand-parental est plus ou moins intense : pour certains(e) s, il est la composante centrale de l'identité alors que d'autres refusent de s'y limiter et de renoncer à d'autres formes de réalisation de soi. D'autre part, les relations ne sont pas les mêmes avec tous les petits-enfants : des affinités électives se créent avec certains, en particulier avec ceux que les grands-parents ont gardés ou dont ils se sont davantage occupés à la suite de certaines difficultés comme la séparation ou le chômage des parents. Par ailleurs, le rôle grand-parental contemporain est soumis à deux exigences contradictoires, le retrait et l'intervention. D'un côté, les grands-parents acquiescent à la norme d'auto-

1. C. Attias-Donfut, M. Segalen, *Grands-parents*, Paris, Odile Jacob, 1998; F. Le Borgne-Uguen *in* M. Legrand (ed.), *op. cit.*

nomie des ménages et reconnaissent qu'ils ne doivent pas contester ouvertement les pratiques éducatives de leurs enfants. De l'autre, ils considèrent qu'ils doivent se montrer vigilants et être prêts, si une difficulté surgit, à intervenir et à « compenser », par exemple en renforçant leur présence en cas de défaillance de l'un des parents.

Les sexagénaires cumulent de plus en plus souvent ce rôle grand-parental avec celui d'enfant d'un parent âgé. Cette position intermédiaire dans la succession des générations fait que l'on parle parfois de « génération sandwich » pour indiquer qu'elle est l'objet de sollicitations multiples ou de « génération pivot » pour souligner son rôle central dans les échanges intergénérationnels. Avoir un parent âgé n'est pas sans contraintes. Lorsque son état de santé exige une présence et des soins quotidiens, s'en occuper est un frein à la mobilité et peut constituer une source de stress. Il est cependant plusieurs manières de se positionner face à cette situation : certain(e) s refusent de se laisser enfermer dans un rôle de soignant(e) et de sacrifier leurs années de retraite alors que d'autres y consentent et, parfois, trouvent là une manière d'occuper leur existence.

4.2 Les personnes très âgées

D'autres travaux ont porté sur des personnes approchant ou ayant dépassé 80 ans. Ils permettent, tout en soulignant la grande diversité des situations, de dégager les grandes tendances des modes de vie des personnes « très » âgées : le repli sur l'espace domestique et la baisse de la sociabilité.

• *Le repli sur l'espace domestique*

L'avancée en âge se traduit, tout d'abord, par un repli sur l'espace domestique. Difficultés physiques et moindre goût pour l'extérieur se combinent pour expliquer que les sorties se fassent moins nombreuses, que l'espace parcouru se réduise et que le domicile soit de plus en plus valorisé. Parallèlement, le rythme des activités quotidiennes se fait plus rigide, souvent scandé par les émissions de télévision et de radio.

Ce repli n'est pas uniforme et il ne faut pas le confondre avec le confinement chez soi, qui ne touche qu'une fraction minoritaire des vieilles personnes. Il existe notamment des espaces de « secondarité »[1], comme un lieu de vacances régulier ou le club du troisième âge, qui autorisent les va-et-vient avec le domicile. Quant aux personnes qui sortent très peu ou ne sortent pas du tout, elles n'abandonnent pas pour autant tout lien avec l'extérieur. Les médias constituent, au même titre que les récits des enfants ou des aides à domicile, une source d'information et une ouverture sur le monde qui permettent de maintenir un sentiment d'appartenance à la société. Dans le même ordre d'idées, « voir depuis sa fenêtre » constitue une autre manière de s'ouvrir sur l'extérieur en participant, par le regard, au mouvement de la rue.

Ce repli peut d'ailleurs être vécu diversement, et pas nécessairement comme un enfermement. Beaucoup de personnes très âgées valorisent fortement leur domicile qui est, pour reprendre la formule de Bernadette Veysset[2], à la fois un repaire et un repère. Il est un repaire où elles se sentent protégées des agressions extérieures. Il est aussi, à plusieurs titres, un repère : un repère identitaire, tout d'abord, le domicile symbolisant la personne dans sa continuité, le lien entre ce qu'elle est et ce qu'elle a été ; un repère spatial, ensuite, puisqu'il est un espace familier, intimement approprié, dont l'usage se trouve fortement ancré dans les habitudes corporelles ; un repère temporel, enfin, tant il est chargé de souvenirs. La mobilité résidentielle n'en existe pas moins à ces âges élevés. En permettant d'accéder à des logements plus confortables ou de se rapprocher de ses enfants, les déménagements contribuent au maintien à domicile[3].

---

1. S. Clément, J. Mantovani, M. Membrado, « Vivre la ville à la vieillesse: se ménager et se risquer », *Les Annales de la recherche urbaine*, n° 73, 1996, p. 90-98.

2. B. Veysset, *Dépendance et vieillissement*, Paris, L'Harmattan, 1989.

3. F. Cribier, « Le maintien à domicile d'une population parisienne très âgée », *Les Annales de la Recherche Urbaine*, n° 73, 1996, p. 99-107.

• *La baisse de la sociabilité*

Le grand âge se caractérise aussi par un plus grand isolement. Isolement domestique, tout d'abord : la probabilité d'avoir perdu son conjoint, plus forte pour les femmes que pour les hommes, augmente avec l'âge tandis que la cohabitation intergénérationnelle est beaucoup moins fréquente qu'autrefois. Moindre sociabilité, ensuite : les décès amenuisent le réseau de sociabilité, le repli sur le domicile contribue à réduire les rencontres et les visites aux amis – il s'agit là de manifestations du phénomène de « déprise » que nous présenterons dans le chapitre 3. Pour ce qui est de la solitude, les résultats sont moins assurés, des travaux américains ayant montré que c'est dans l'adolescence qu'elle est la plus intense. Elle semble cependant un peu plus forte pour les personnes très âgées que pour les retraités plus jeunes, tout en restant circonscrite à une minorité d'entre elles. La solitude est d'un autre ordre que l'isolement, renvoyant non pas à l'absence ou à la faiblesse des relations sociales, mais à un sentiment d'abandon. Certaines personnes bien entourées en souffrent, notamment après le décès de leur conjoint, alors que d'autres, assez isolées, la ressentent moins fortement car elles ont réduit leurs exigences en matière de sociabilité.

Il faut se garder, cependant, de conclure que la grande vieillesse se caractérise par le vide relationnel et affectif. La famille, en effet, demeure très présente : les relations avec les enfants sont fréquentes, ainsi qu'avec les frères et sœurs, en particulier pour ceux qui n'ont pas d'enfants. Il ne faut donc pas voir dans la baisse de la cohabitation intergénérationnelle le signe d'un affaiblissement des relations entre les parents âgés et leurs enfants adultes, mais un symptôme de leur transformation. Aujourd'hui, ces relations se trouvent organisées selon le modèle de l'« intimité à distance » qui préserve l'autonomie de chacun. Aussi le rapprochement résidentiel est-il souvent préféré à la cohabitation, le téléphone constituant un outil relationnel privilégié. Parallèlement, certaines personnes âgées s'efforcent de maintenir une sociabilité non familiale, en plus de leurs relations familiales ou afin de pallier leur absence, et peuvent bénéficier d'un contexte local favorable aux solidarités de voisinage[1].

1. D. Argoud *et alii*, *Prévenir l'isolement des personnes âgées. Voisiner au grand âge*, Paris, Dunod, 2004.

Le constat du maintien, au grand âge, d'une certaine sociabilité, en particulier sous la forme de relations familiales régulières, ne doit pas faire oublier l'existence de personnes très peu entourées, qui n'ont pas ou qui n'ont plus d'enfants, ou qui n'ont plus de contacts avec eux : l'isolement familial concerne, parmi les 90 ans et plus, une personne sur six[1]. Cependant, même parmi cette population d'*apaïdès*, comme propose de les appeler Christian Lalive d'Épinay (« gens sans enfants » en grec), il convient de distinguer les « indépendants » des « dépendants anciens »[2]. Les premiers, habitués à se débrouiller seuls, entretiennent leur réseau de sociabilité et font preuve d'une capacité à mobiliser l'aide dont ils ont besoin, alors que les seconds, qui avaient escompté vivre leur vieillesse en famille, souffrent de déficit relationnel et de manque affectif. La télévision et la radio peuvent alors leur procurer une sociabilité de substitution et un palliatif de la solitude : elles assurent une présence, donnent le sentiment de « combler le vide » laissé par la disparition du conjoint et certains feuilletons sont l'occasion de retrouver des personnages familiers.

4.3 Les personnes âgées dépendantes

Nous avons vu, dans le premier chapitre, comment la catégorie de « personnes âgées dépendantes » s'est progressivement imposée au cours des années 1980 et 1990. En 2007, plus d'un million de personnes recevaient l'Allocation personnalisée d'autonomie (APA) et étaient donc reconnues comme « dépendantes ». Elles présentaient des handicaps plus ou moins lourds (un peu plus de quatre sur dix, classées en « GIR 4 » pouvaient être considérées comme « modérément » dépendantes) et la majorité (environ 60 %) vivaient à domicile. Les recherches qui se sont intéressées à ces personnes dépendantes – le plus souvent celles vivant à domicile – permettent de mieux comprendre comment s'organisent les relations d'aide. Elles

1. A. Désesquelles, N. Brouard, « Le réseau familial des personnes âgées de 60 ans ou plus vivant à domicile ou en institution », *Population*, 2003, p. 201-228.
2. M. Membrado, « L'identité de l'aidant(e) », *Gérontologie et société*, n° 89, 1999, p. 117-134.

invitent aussi à s'interroger sur les stratégies mises en œuvre par les personnes confrontées à des handicaps physiques.

• *Aidants et relations d'aide*

Il convient de distinguer deux grandes catégories d'aidants : les aidants informels (la famille, avant tout, mais aussi des amis, voisins et bénévoles) et les aidants professionnels. Il existe une forte complémentarité entre eux : la majorité des personnes âgées dépendantes bénéficient du soutien des uns et des autres, et la mise en place de l'APA n'a pas conduit à un désengagement des familles.

Les aidants familiaux, qui jouent ainsi un rôle essentiel dans le maintien à domicile, présentent deux caractéristiques : nombre d'entre eux, conjoints ou enfants retraités, sont eux-mêmes âgés ; parmi les enfants, les filles aident plus souvent que les fils. Pour aller au-delà d'une simple description du contenu de l'aide apportée par les proches, il faut considérer qu'elle prend sens dans le cadre de logiques familiales diverses, qui accordent une place plus ou moins importante aux intervenants professionnels[1]. On peut ainsi opposer un modèle fondé sur un fort engagement de l'aidant familial, dans lequel les professionnels interviennent en tant que simples prestataires de services à un modèle qui privilégie la préservation de l'autonomie de l'aidant, dans lequel les services gérontologiques prennent une part beaucoup plus active dans l'organisation de l'aide. Certaines relations sont aussi marquées par une recherche de « réaffiliation idéalisée » de la part de l'aidant. Des travaux psychologiques et épidémiologiques ont, quant à eux, souligné combien la situation d'aidant pouvait être difficile à vivre, notamment dans les cas de dépendance psychique de la personne âgée : ils ont mis en avant le « burden » (la charge, le fardeau) qui pèse sur les proches, affecte leur santé et perturbe leur mode de vie. Cette notion de « burden », qui présente l'intérêt de nommer un problème social réel (l'épuisement de certains aidants), occulte cependant la grande diversité des expériences vécues par ceux qui s'occupent d'un proche âgé et qui ne considèrent pas nécessaire-

1. S. Pennec, « Les "aidants" », *Gérontologie et société*, n° 89, 1999, p. 49-61; M.-E. Joël, C. Martin, *Aider les personnes âgées dépendantes*, Rennes, ed. ENSP, 1998.

ment ce qu'ils vivent comme un fardeau. En particulier, pour beaucoup de conjoints, l'engagement auprès de leur partenaire malade ne ressortit pas d'abord au registre de la contrainte, mais s'opère sur le mode de l'évidence, comme la continuation d'une relation commencée depuis de longues années.

L'aide professionnelle doit, elle aussi, être appréhendée en termes relationnels. On peut ainsi décrire la diversité et la richesse des relations qui s'établissent entre les aides à domicile et les personnes âgées[1]. Le rôle de l'aide à domicile est, en effet, ambivalent, traversé par la tension entre un pôle « technique » (réaliser les tâches domestiques) et un pôle « relationnel » (bavarder avec la personne âgée, lui apporter un réconfort). Aussi peut-il y avoir décalage entre la manière dont l'aide à domicile conçoit son rôle et les attentes de la personne âgée. Celle-ci peut, par exemple, juger son aide à domicile trop peu expansive ou, au contraire, trop bavarde et indiscrète. Dans certains cas, la relation se construit sur le mode de la familiarisation : les registres de l'amitié ou de la parenté sont mobilisés pour la nommer, et elle s'étend au-delà de son cadre institutionnel à travers des petits services, des cadeaux, des contacts en dehors des heures d'intervention prévues.

• *Les stratégies des personnes âgées dépendantes*

Une double critique peut être adressée à la définition usuelle de la dépendance comme incapacité à faire[2]. Tout d'abord, cette définition d'inspiration biomédicale occulte l'acception sociologique de la notion : pour le sociologue, la dépendance est un « fait social relationnel » et elle est constitutive de la vie en société. Ensuite, il faut se garder de confondre « dépendance » (au sens désormais courant du terme) et « perte d'autonomie ». On peut en effet rester autonome, c'est-à-dire continuer à décider par soi-même – à suivre sa propre loi, selon l'étymologie du terme – malgré les handicaps physiques. Comme pour tout individu, la marge d'autonomie dont dispose une « personne âgée dépendante » n'est pensable qu'à l'intérieur du réseau d'interdépendances dans lequel elle se situe. La perte d'autonomie est bien

1. V. Caradec, « L'aide ménagère: une employée ou une amie? » *in* J.-C. Kaufmann (sd), *Faire ou faire faire?*, Rennes, Presses Universitaires de Rennes, 1995.
2. B. Ennuyer, *Les Malentendus de la dépendance*, Paris, Dunod, 2002.

sûr possible, mais ne constitue qu'un cas de figure parmi d'autres : elle ne doit donc pas être postulée *a priori*, mais faire l'objet de constats et d'analyses empiriques.

La distinction entre « dépendance » et autonomie étant posée, il devient possible de s'intéresser aux « stratégies » mises en place par les personnes âgées pour faire face à leurs handicaps[1] : solliciter ses voisins pour de menus services ; lorsque sa vue baisse, diminuer ses activités de lecture au profit de la radio et de la télévision ; pour éviter de tomber en prenant sa douche, installer un tabouret, espacer les douches ou même les supprimer. Les personnes âgées s'adaptent ainsi aux difficultés auxquelles elles se trouvent confrontées, au fur et à mesure que celles-ci se présentent. En revanche, elles anticipent peu les problèmes. C'est pourquoi il faut parfois faire appel, dans l'urgence, à une hospitalisation.

Ces stratégies adaptatives passent aussi par un recours plus ou moins important aux services gérontologiques : pour un même niveau de dépendance, ceux-ci interviennent de façon très variable. Ce recours différentiel aux aidants professionnels s'inscrit, nous l'avons vu, dans la diversité des logiques familiales. Il dépend aussi de l'attitude des personnes âgées à l'égard des services gérontologiques. Certaines, en effet, refusent ou évitent les aides professionnelles pour ne pas laisser des étrangers pénétrer chez elles ou par crainte de ne pas savoir gérer les relations avec les intervenants. D'autres les acceptent et les détournent, par exemple en attendant de l'aide ménagère qu'elle fasse la conversation plutôt que le ménage. D'autres encore choisissent de les solliciter. D'autres enfin s'en remettent totalement aux professionnels et à leur entourage familial : elles ne sont plus, alors, autonomes. L'adoption de l'une ou l'autre de ces stratégies dépend de plusieurs variables : les ressources financières ; le rapport aux institutions, envers lesquelles se manifeste parfois une forte méfiance, en particulier dans les milieux populaires ; le rapport aux enfants, certaines personnes âgées trouvant normal de les solliciter alors que d'autres souhaitent leur épargner une charge de travail trop

1. M.-T. Espinasse, B. Lefebvre, « Gestion de la dépendance et stratégies des personnes âgées », *in Vieillir dans la ville*, Paris, L'Harmattan, 1992.

importante ; le fait de pouvoir compter ou non sur les solidarités de voisinage ; le rapport à la santé et au corps, certains minimisant leur handicap (« il ne faut pas s'écouter ») tandis que d'autres en jouent pour obtenir l'attention et l'aide d'autrui.

4.4 Les personnes âgées vivant en institution

Les structures d'hébergement pour personnes âgées (logements-foyers, maisons de retraite, services de soins de longue durée) accueillent une faible partie des 60 ans et plus (environ 5 %), la proportion augmentant néanmoins fortement aux âges élevés (plus du quart des 90 ans et plus). Après nous être demandés si ces structures peuvent être considérées comme une variété d'« institutions totales », nous verrons que la sociabilité y est, en général, peu développée.

• *Les structures d'hébergement pour personnes âgées, des « institutions totales » ?*

Dans *Asiles* (1961), Goffman décrit ainsi la caractéristique principale des « institutions totales » : « elles appliquent à l'homme un traitement collectif conforme à un système d'organisation bureaucratique qui prend en charge tous ses besoins ».

Les premières enquêtes de terrain[1] ont montré que les structures d'hébergement pour personnes âgées répondaient à cette description. Les institutions étudiées, refuges pour la vieillesse populaire indigente et isolée, y apparaissent comme des lieux d'enfermement où se pratiquent la « gestion disciplinaire des corps », l'uniformisation et l'infantilisation des pensionnaires : ceux-ci, privés de leurs objets familiers et de leurs vêtements personnels, sont soumis aux traitements standardisés imposés par l'organisation du travail. Hébergés dans des salles communes, ils connaissent à la fois l'absence de lieu à soi et la rareté des relations sociales et ils vivent, selon l'expression de

1. P. Townsend, *The Last Refuge*, Londres, Routledge & Kegan Paul, 1962; C. Bernand, *Les vieux vont mourir à Nanterre*, Paris, Le Sagittaire, 1978; N. Benoit-Lapierre *et alii*, *Vieillesse des pauvres*, Paris, Éditions Ouvrières, 1980.

Carmen Bernand, dans « l'écartèlement entre la promiscuité et la solitude ». Leur vie quotidienne est également marquée par la rareté des occupations : l'ennui règne et les comportements apathiques et résignés sont fréquents. Ce sont là les conséquences de la mise en situation de dépendance qui se produit dans ces institutions : prises en charge, privées de leurs activités antérieures, déresponsabilisées, les personnes âgées se morfondent et perdent tout intérêt pour l'existence.

Des études plus récentes ont proposé une vision assez différente[1]. Celle-ci s'explique d'abord par les transformations qu'ont connues les structures d'hébergement pour personnes âgées : souci d'humanisation ; valorisation de l'autonomie et octroi de droits aux résidants ; création de chambres individuelles. Mais elle tient aussi à un changement de regard : ces travaux adoptent une perspective soucieuse de comprendre comment les résidants donnent sens à leur existence, de quelle manière ils composent avec l'institution. Cette approche met ainsi au premier plan des aspects qui étaient auparavant laissés dans l'ombre : la diversité des réactions à l'entrée en établissement, qui renvoie à la pluralité des trajectoires antérieures ; les difficultés rencontrées au domicile, qui conduisent certains à porter un regard positif sur leur existence présente ; le fait que l'installation en hébergement collectif peut diminuer le sentiment de dépendance à l'égard des proches lorsque ceux-ci assuraient une lourde prise en charge ; la capacité de certains résidants à réorganiser leur existence et à trouver des occupations, en utilisant parfois les ressources offertes par l'institution.

Il n'en reste pas moins que le traitement réservé aux résidants est traversé par des tensions structurelles[2] : les cadences de travail imposées au personnel ne sont guère compatibles avec le souci d'humanisation des établissements (comment à la fois faire vite et respecter le rythme de chacun ?) ; la volonté de préserver l'autonomie des personnes se heurte aux impératifs de sécurité,

1. I. Mallon, *Vivre en maison de retraite. Le dernier chez-soi*, Rennes, Presses universitaires de Rennes, 2004; C. Oldman, D. Quilgars, « The last resort? », *Ageing and Society*, vol. 19, 1999, p. 363-384.
2. G. Rimbert, « Le chronomètre et le carillon », *Lien social et Politiques*, n° 45, 2006, p. 93-104 ; N. Planson, « La définition normative des résidants en maison de retraite et le travail de leurs personnels », *Sociétés Contemporaines*, n° 40, 2000, p. 77-97.

qui conduisent à limiter leur liberté de circulation, au nécessaire respect des prescriptions médicamenteuses et alimentaires, qui se fait parfois contre la volonté des intéressés, ou encore aux normes du bien vieillir, qui enjoignent de rester actif alors que les résidants peuvent ne pas souhaiter participer aux animations.

• ***La sociabilité dans les structures d'hébergement pour personnes âgées***

Trois composantes de la sociabilité des personnes âgées vivant en institution peuvent être étudiées : les relations avec l'extérieur (famille et amis), avec les membres du personnel et avec les autres résidants.

Les maisons de retraite ne sont pas des lieux clos comme l'étaient les hospices, qui accueillaient des vieillards isolés : la majorité des personnes hébergées ont des contacts avec leur famille, en particulier avec leurs enfants, ou avec des amis ; seule une minorité n'a aucune relation avec l'extérieur. Ces contacts consistent surtout en des visites des proches, les résidants sortant rarement pour se rendre dans leur famille.

Les relations avec les membres du personnel sont essentiellement instrumentales et, le plus souvent, limitées[1]. Elles n'en sont pas moins importantes pour l'image que les résidants ont d'eux-mêmes. D'un côté, ces relations peuvent s'avérer périlleuses pour l'identité car les règles régissant les interactions avec les personnes « normales » ne sont pas toujours respectées à l'égard des résidants, et ce d'autant plus qu'ils présentent des déficiences lourdes. C'est le cas des conduites de dévalorisation de la personne, comme la protection infantilisante, ou de celles qui entraînent une violation des territoires du moi, par exemple lorsque le personnel entre dans une chambre sans frapper ou sans attendre la réponse ou lorsqu'il ne prend pas en compte les sentiments de pudeur du résidant. D'un autre côté, certains résidants cherchent à établir des liens avec les membres du personnel afin d'être reconnus dans leur singularité, voire dans un statut de « bien portant ».

1. H. Thomas, *Vieillesse dépendante et désinsertion politique*, Paris, L'Harmattan, 1996.

Les relations entre résidants[1] apparaissent comme des « relations polies à distance », les personnes âgées ayant à la fois le souci d'être « sociables » et de se tenir à l'écart. Ces relations ressemblent à celles que l'on observe dans les transports publics ou dans une salle d'attente : elles se trouvent organisées par les règles de civilité propres à l'espace urbain. Ces relations superficielles entre résidants s'expliquent par la « déprise » qui marque l'avancée en âge et par le souci de protection de soi, à la fois contre l'image renvoyée par les personnes les plus mal en point et contre les dangers de l'investissement dans une relation qui risque d'être interrompue par la mort. Bien que peu fréquentes, des relations dyadiques se développent parfois. Elles se trouvent facilitées par certaines conditions : une interconnaissance préalable, un centre d'intérêt commun (comme jouer aux cartes), le besoin d'aide d'un(e) résidant(e) qui donne à un(e) autre l'occasion de se sentir utile.

4.5 Les personnes âgées immigrées

Longtemps restées dans l'ombre, les personnes âgées immigrées suscitent, depuis quelques années, un intérêt croissant. Les flux migratoires ayant diminué après 1974, la population immigrée vieillit, ceux qui sont arrivés en France au cours des années 1960 parvenant à l'âge de la retraite. Parmi les 60 ans et plus, on compte 8 % d'immigrés (dont la moitié environ a acquis la nationalité française), les effectifs les plus nombreux provenant d'Italie, d'Espagne, d'Algérie et du Portugal.

Une enquête réalisée auprès d'un vaste échantillon d'immigrés âgés de 45 à 70 ans – dont un cinquième environ touche une pension de retraite – dessine un portrait inattendu des retraités immigrés, en décalage avec les représentations courantes[2]. Portant un regard positif sur la retraite, ayant pour les trois quarts d'entre-eux le sentiment d'avoir mieux réussi que leurs parents, se sentant bien dans leur pays d'adoption auquel ils sont fortement attachés, assez modérément nostalgiques de leur pays d'origine (seul un tiers

1. F. de Singly, *Libres ensemble*, Paris, Nathan, 2000 ; Armand Colin, 2005 (ch. 9 en collaboration avec I. Mallon).
2. C. Attias-Donfut, *L'Enracinement*, Paris, Armand Colin, 2006; *Retraite et Société*, n°44, 2005 (« Le vieillissement des immigrés »).

dit éprouver très souvent ou assez souvent un sentiment de nostalgie), la grande majorité demeure en France après leur retraite. Ainsi, au-delà de l'hétérogénéité de cette population en termes d'origine géographique, de circonstances de la migration et de catégorie sociale, un constat s'impose : la vieillesse immigrée apparaît majoritairement « intégrée », et le fait de pouvoir – et de souhaiter – continuer à vivre comme retraités là où ils étaient venus pour travailler constitue un facteur – et une manifestation – de cette intégration. Nombreux cependant sont les retraités immigrés qui conservent des liens avec leur pays d'origine, sous des formes diverses : transferts monétaires, usage des médias pour se tenir informé de ce qui s'y passe, aller et retour régulier. Ces pratiques de va-et-vient, ou « transmigrations », qui concernent le tiers des retraités immigrés si l'on retient le seuil minimal d'au moins deux séjours par an dans le pays d'origine ou d'au moins un séjour annuel d'une durée supérieure à un mois, dépendent non seulement de l'éloignement géographique du pays d'origine et des ressources financières disponibles, mais aussi des dispositions légales qui favorisent ou entravent les déplacements[1] : l'entrée du Portugal dans l'Union européenne a ainsi facilité le « çà et là » des retraités portugais, et une durée de séjour minimale en France est requise pour conserver le bénéfice de certains droits sociaux (comme le minimum vieillesse ou l'Aide personnalisée au logement). Enfin, les préférences quant au lieu d'enterrement, fortement marquées par l'appartenance religieuse, apparaissent contrastées, les immigrés d'origine européenne et asiatique choisissant majoritairement la France comme lieu d'inhumation alors que ceux venus d'Afrique du Nord, d'Afrique subsaharienne et de Turquie sont environ un quart à le souhaiter, la plupart désirant être inhumés dans leur pays d'origine.

La situation de certains immigrés retraités se présente néanmoins sous un jour plus sombre. C'est le cas des femmes âgées immigrées vivant seules, veuves ou divorcées, qui disposent souvent de faibles ressources, d'une couverture sociale réduite et qui n'ont qu'une maîtrise limitée de la langue française. C'est le cas également des hommes hébergés dans des foyers conçus à l'origine pour des travailleurs migrants (comme la Sonacotra). S'il faut prendre garde à ne pas réduire la vieillesse immigrée à cette figure des

1. *Plein droit*, n° 39, 1998.

migrants âgés vivant en foyer, sur laquelle se braquent parfois les projecteurs médiatiques, et garder à l'esprit qu'elle ne concerne que 2 % environ des immigrés de plus de 60 ans, il n'en demeure pas moins que le destin de ces hommes, majoritairement venus du Maghreb, en particulier d'Algérie, et anciens ouvriers pour la plupart, apparaît particulièrement cruel[1]. Souvent « célibataires géographiques » (*i.e.* mariés avec une femme restée au pays), connaissant une précarité économique accentuée par des fins de carrière difficiles et par la cessation d'activité, usés par le travail et souffrant de problèmes de santé, ces hommes apparaissent fortement désaffiliés, n'ayant que peu de contacts au sein de la société française et conservant des liens épisodiques, plus ou moins étroits, avec leur pays d'origine. Vivant depuis des années dans ces foyers qui leur ont imposé des règles de vie rigides et qui ont peu à peu établi leur emprise sur leur existence, ils s'y sont acclimatés et ils sont aujourd'hui enracinés dans ces lieux pour eux sécurisants : ils y ont leurs repères, y entretiennent une certaine sociabilité et y organisent leur vie autour des principes d'ascétisme qui ont guidé leur existence et qui les poussent, aujourd'hui encore, à économiser pour envoyer de l'argent au pays. Aussi le retour définitif est-il, pour beaucoup, évoqué mais toujours repoussé. La transformation progressive des foyers de travailleurs migrants en « résidences sociales » accueillant des populations précaires aux profils divers (transformation que symbolise le changement de nom de la Sonacotra, rebaptisée Adoma, en 2007) et la réhabilitation des espaces habités constituent à la fois un risque de déstabilisation des relations sociales et des repères antérieurs des résidents et une opportunité pour mieux assurer l'accompagnement de leur avancée en âge, en adaptant les logements et en développant l'intervention de professionnels de l'aide et du soin – ce qui peut nécessiter de lever les préventions des vieux migrants à l'encontre de cette immixtion dans leur intimité.

1. C. Hmed, « Les immigrés vieillissant en foyer pour travailleurs ou les habitants de nulle part », *Retraite et Société*, n°47, 2006, p. 138-159 ; R.Gallou, « Le vieillissement des immigrés en France », *Politix*, n°72, 2005, p. 57-77.

Envisagée du point de vue des modes de vie, la catégorie des « personnes âgées » apparaît assez peu consistante. Elle présente bien une certaine spécificité, mais celle-ci tend à s'atténuer. Par ailleurs, sa grande hétérogénéité apparaît dans les résultats des enquêtes quantitatives et, surtout, à travers les typologies. Cette diversité est d'ailleurs si évidente que nombre de recherches ne portent que sur l'une de ses composantes. En fait, ce qui rapproche les « personnes âgées » est avant tout leur position commune dans le parcours des âges, et donc leur condition de retraités. C'est pourquoi, en dépit de son peu de consistance, ce groupe d'âge en vient, parfois, à se mobiliser.

3

Le vieillissement comme processus et comme expérience

Il est plusieurs manières théoriques d'appréhender le vieillissement individuel : les analyses vont d'un pôle objectiviste qui se propose de décrire en quoi consiste le vieillissement à un pôle qui tente une phénoménologie de la vieillesse, nombre de travaux combinant en fait ces deux approches et s'efforçant de saisir ensemble le processus de vieillissement, objectivé et contextualisé par le sociologue, et le vécu de l'avancée en âge.

Pour présenter ces recherches, nous examinerons tout d'abord les outils théoriques qui ont successivement été proposés pour rendre compte du vieillissement (1). Nous essaierons de cerner en quoi consiste l'expérience du vieillissement (2), puis de montrer que le vieillissement est un processus relationnel (3). Nous nous arrêterons, enfin, sur plusieurs des transitions constitutives de l'avancée en âge (4).

1. Du désengagement à la déprise

La notion de *déprise*, proposée à la fin des années 1980 par Serge Clément et Marcel Drulhe, peut paraître *a priori* assez proche de celle de *désengagement*, élaborée aux États-Unis au début des années 1960. Même si une certaine continuité est repérable, les différences n'en sont pas moins importantes : la théorie du désengagement se veut une théorie générale du vieillissement et s'inscrit dans une perspective fonctionnaliste alors que la notion de déprise a rang de concept analytique et prend place dans une approche compréhensive de l'avancée en âge. C'est le passage de l'une à l'autre de ces notions que nous allons retracer.

1.1 Les théories de l'activité et du désengagement

Les théories du vieillissement qui se sont développées aux États-Unis dans les années 1950 et 1960 ne se contentent pas de décrire le vieillissement, elles cherchent aussi à indiquer la voie pour un vieillissement « réussi ». Cette dernière préoccupation est peu familière aux chercheurs français, mais courante aux États-Unis où les études quantitatives s'efforcent de repérer les déterminants de la « satisfaction de la vie » ou du « bien-être », notions pour lesquelles il existe des échelles de mesure standardisées.

D'inspiration fonctionnaliste, ces théories considèrent que l'individu se trouve défini par les rôles sociaux associés aux positions statutaires qu'il occupe. Dans une telle optique, le vieillissement se caractérise par une perte de rôles, à la fois professionnel au moment de la retraite et familiaux avec le départ des enfants et le décès du conjoint. La question est alors de savoir comment les personnes qui vieillissent réagissent à cette perte de rôles. Les théories de l'activité et du désengagement, qui ont polarisé pendant plusieurs années les débats de la gérontologie sociale américaine, font à cette question des réponses opposées.

• *La théorie de l'activité*

Si la théorie de l'activité a été développée et précisée dans les années 1960 en opposition à la théorie du désengagement, elle trouve sa première formulation au début des années 1950[1]. En se fondant sur une enquête réalisée sur un échantillon de 100 personnes âgées vivant dans une petite ville du Middle West, Robert Havighurst et Ruth Albrecht font un double constat. D'une part, les personnes enquêtées manifestent un certain contentement. D'autre part, cette satisfaction varie très peu avec l'âge et la position sociale, mais se trouve

1. R. Havighurst, R Albrecht, *Older people*, New York, Longmans, Green and Co, 1953; R. Havighurst, « Flexibility and the social roles of the retired », *American Journal of Sociology*, vol. 59, n° 4, 1954, p. 309-311.

fortement corrélée avec les « scores d'activité » calculés par les auteurs. Aussi le vieillissement réussi passe-t-il, selon Havighurst et Albrecht, par une attitude volontariste consistant à maintenir un niveau élevé d'engagement : il s'agit de compenser la perte de certains rôles antérieurs par l'intensification d'autres rôles comme celui de citoyen ou par l'investissement de nouveaux rôles comme celui de grand-parent, l'adaptation se trouvant facilitée par une qualité qu'il convient d'entretenir, la « flexibilité des rôles ».

• *La théorie du désengagement*

Dans un livre ambitieux sur le plan théorique, précédé d'un avant-propos de Talcott Parsons, Elaine Cumming et William Henry proposent une vision très différente du vieillissement[1]. En se basant sur les résultats d'une enquête réalisée auprès de 279 habitants de Kansas City, âgés de 50 à 90 ans, « tous en bonne santé et jouissant d'un minimum d'indépendance financière », ils soutiennent que « le vieillissement normal s'accompagne d'un éloignement ou « désengagement » réciproque de la personne qui vieillit et des autres membres du système social dont elle fait partie ». Ce désengagement se traduit par une diminution du nombre de rôles sociaux joués par l'individu, par une baisse de ses interactions sociales et par un changement dans la nature de ses relations qui sont désormais davantage centrées sur les liens affectifs et moins sur la solidarité fonctionnelle. Au terme de ce processus, un nouvel équilibre est atteint. C'est ainsi que les personnes de plus de 80 ans « apprécient leur existence désengagée. Elles ont réduit leurs liens avec la vie, ont abandonné leurs soucis et leurs responsabilités et ont tourné leurs préoccupations vers elles-mêmes. Elles mènent une existence tranquille, quelque peu égocentrique, qui leur convient parfaitement et qui paraît constituer un passage en douceur d'une vie, qui a été longue, à la mort inévitable ». Cumming et Henry soulignent quatre caractéristiques du processus de désengagement : il est réciproque, fonctionnel, irréversible et universel.

Il est réciproque, tout d'abord, constituant une sorte de séparation à l'amiable, satisfaisante pour les deux parties et qui peut être initiée aussi bien

1. E. Cumming, W. Henry, *Growing Old. The Process of Disengagement*, New York, Basic Books, 1961.

par l'individu vieillissant que par la société : d'un côté, la personne âgée, dont les capacités diminuent, se tourne de plus en plus vers elle-même et se détache émotionnellement du monde ; de l'autre, la société lui retire les rôles sociaux qu'elle lui avait octroyés.

Le désengagement est, ensuite, fonctionnel. Il répond, en effet, à un double impératif social : d'une part, le désengagement des plus âgés rend possible le renouvellement des générations dans le monde du travail et permet l'arrivée aux postes de responsabilité de jeunes aux connaissances plus récentes ; d'autre part, la société se protège ainsi contre les « perturbations dans des activités essentielles » que pourrait entraîner le décès de personnes occupant des fonctions importantes. Par ailleurs, le désengagement renvoie à une nécessité psychologique, celle de la confrontation avec la mort : il arrive un moment où l'individu prend conscience qu'il est mortel et se détourne des valeurs de réussite personnelle.

Le désengagement est aussi un processus irréversible, qui se nourrit de sa propre dynamique. Les contacts sociaux se faisant moins nombreux, l'individu devient moins compétent dans les interactions sociales, si bien « qu'une fois que le repli a commencé, l'établissement de nouveaux contacts peut devenir plus difficile. Le fait de ne pas savoir exactement comment se conduire dans des circonstances inhabituelles amène à renoncer à ce type de situation, et cette difficulté peut accélérer le processus de désengagement ». Dans le même temps, les pressions normatives se font moins fortes, la société ayant désormais moins de prise sur l'individu, qui devient plus libre de ses comportements.

Enfin, le désengagement est universel, même si la forme qu'il prend peut varier suivant les cultures et selon le sexe. Cumming et Henry ne s'attardent pas sur la diversité culturelle étant donné l'homogénéité sociale de leur échantillon, mais ils s'efforcent de préciser la différence entre désengagement masculin et féminin. Les femmes leur paraissent avantagées car l'ampleur des changements qu'elles connaissent est moindre que pour les hommes : pour elles, dont le rôle social est d'abord « socio-affectif », le désengagement consiste en une réduction de leurs rôles antérieurs ; les hommes, eux, doivent non seulement renoncer à certains rôles, mais aussi changer l'orientation « instrumentale » qui était la leur.

• *Critiques des théories du désengagement et de l'activité*

Dans le débat qui s'est instauré autour des théories de l'activité et du désengagement, certaines critiques radicales en ont contesté les fondements. Ainsi, Peter Townsend[1] s'en prend au « fonctionnalisme de connivence » qui sous-tend ces approches. Il leur reproche d'occulter la manière dont la société produit la dévalorisation du statut des personnes âgées et de légitimer ainsi le *statu* quo : la théorie de l'activité considère que les problèmes rencontrés par les retraités sont des difficultés d'adaptation individuelles et s'interdit ainsi de les poser en termes politiques ; la théorie du désengagement, quant à elle, justifie l'exclusion des personnes âgées du marché du travail et ne peut qu'encourager la démission des politiques publiques.

D'autres critiques ont porté sur les insuffisances de ces théories et sur leur imparfaite adéquation avec le réel. Arlie Hochschild[2] considère ainsi que la prétention de la théorie du désengagement à la validité universelle n'est pas tenable et conduit ses auteurs à adopter une position incorrecte sur le plan épistémologique. En effet, alors que certaines de leurs données empiriques ne sont pas congruentes avec leur théorie – même à un âge avancé, une part non négligeable des enquêtés n'est pas désengagée –, Cumming et Henry développent des explications *ad hoc*, affirmant par exemple que ces personnes ne sont pas encore parvenues à se désengager ou encore qu'elles appartiennent à une élite. Comme le souligne Hochschild, un tel raisonnement rend la théorie infalsifiable. Une seconde critique porte sur le concept de désengagement lui-même, qui se voit adresser un double reproche. D'une part, il apparaît beaucoup trop général : « concept omnibus », il recouvre plusieurs dimensions qu'il convient de distinguer si l'on veut repérer précisément dans quels domaines se produit le désengagement. D'autre part, le désengagement est appréhendé d'une manière essentiellement objectiviste, Cumming et Henry ne s'intéressant pas véritablement aux significations que les personnes donnent à leur avancée en âge, alors même qu'ils cherchent à décrire leur évolution psychique.

1. P. Townsend, "Ageism and social policy", *in* C. Phillipson, A. Walker (eds), *Ageing and social policy*, Londres, Gower, 1986.
2. A. Hochschild, "Disengagement Theory: a critique and proposal", *American Sociological Review*, vol. 40, 1975, p. 553-569.

Des critiques symétriques pourraient être adressées à la théorie de l'activité. En effet, celle-ci ne rend pas compte du fait que certaines personnes ayant peu d'activités se déclarent satisfaites. La notion même d'« activité » pose des problèmes de définition : faut-il considérer, par exemple, que regarder la télévision ou s'occuper de ses plantes constituent des activités ? Et comment prend-on en compte les significations qui leur sont associées ?

1.2 Deux approches phénoménologiques du vieillissement : les mondes sociaux et la déprise

Bien que les théories générales comme celles de l'activité ou du désengagement paraissent aujourd'hui suspectes du fait de leur prétention à la validité universelle, on peut leur reconnaître certains mérites et leur trouver un écho dans des travaux plus récents qui, eux, puisent leur inspiration théorique dans le constructivisme phénoménologique. Ces théories peuvent, en effet, être considérées comme deux modèles permettant de caractériser des trajectoires de vieillissement différentes ou des moments différents au cours d'une même trajectoire. Mieux, ces modèles peuvent aider à décrire les mouvements contraires qui s'entrelacent au cours de tout processus de vieillissement : c'est une telle vision qui ressort de l'analyse proposée par David Unruh ; c'est aussi la réalité dont cherche à rendre compte le concept de « déprise ».

• *L'avancée en âge comme combinaison d'engagements et de désengagements*

Dans un travail fondé sur une série d'entretiens approfondis avec des personnes âgées de 62 à 85 ans, David Unruh[1] propose de s'interroger sur leur intégration sociale. Il choisit cependant de ne pas focaliser sur les formes « classiques » d'intégration, dans des associations, au sein de la famille ou dans des groupes informels. Il décide plutôt de privilégier les engagements dans des « mondes sociaux ». À la suite de Strauss et de Shibutani, il définit

1. D. Unruh, *Invisible Lives. Social Worlds of the Aged*, Beverly Hills, Sage, 1983.

ces « mondes sociaux » comme des formes d'organisations sociales aux contours peu définis, dont les membres ne sont pas liés par leur co-présence dans un même espace, mais par le partage de perspectives semblables résultant d'un centre d'intérêt commun et de la participation aux mêmes canaux de communication. Les personnes que David Unruh présente dans son étude appartiennent ainsi à divers mondes sociaux : ceux du vélo, de la danse de salon, de l'art, ou encore des collectionneurs de timbres. Ces mondes sociaux occupent une place plus ou moins importante dans leur existence : pour les uns, bien intégrés dans des associations, dans des cercles d'amis ou au sein de leur famille, les mondes sociaux jouent un rôle mineur, pour les autres, ils contribuent puissamment à donner sens à leur existence.

David Unruh montre qu'au cours de l'avancée en âge, l'intégration sociale ne cesse d'évoluer à travers un double mouvement de désengagement et d'engagement, qui concerne à la fois les mondes sociaux et les formes plus classiques d'intégration. Par exemple, la cessation d'activité professionnelle ou le décès du conjoint peuvent se traduire par l'entrée dans des mondes sociaux ignorés ou jusqu'alors peu investis, parfois même par l'investissement exclusif dans l'un d'eux : Unruh cite le cas d'un retraité qui s'est pris de passion pour le vélo, s'est lancé dans des expéditions à travers le pays dont les journaux se sont fait l'écho, et est ainsi devenu une figure emblématique du monde social de la bicyclette. Des engagements nouveaux peuvent aussi se substituer à d'autres et le degré d'intégration à un monde social peut s'accroître ou, au contraire, décliner.

Cependant, David Unruh souligne les dangers d'une approche trop objectiviste de cette évolution, qui négligerait la signification qu'elle revêt pour ceux qui la vivent. En effet, un moindre investissement n'est pas forcément vécu comme un désengagement et il est possible de continuer à vivre subjectivement dans un monde social dans lequel on n'a plus de participation active. Certains mondes sociaux restent ainsi très présents grâce au lien maintenu avec eux à travers les médias ou la remémoration : c'est le cas pour deux femmes citées par l'auteur, qui ont cessé la danse de salon, mais restent très attachées à cette activité et à ce moment de leur existence qu'elles se plaisent à évoquer.

Enfin, il semble qu'au-delà de la combinaison d'engagements et de désengagements décrits, la participation active aux mondes sociaux devienne plus difficile avec l'âge. Un certain retrait paraît ainsi se dessiner.

• *Vieillissement et déprise*

De ce point de vue, le concept de « déprise », forgé par Serge Clément et Marcel Drulhe, apparaît particulièrement pertinent pour appréhender le vieillissement au grand âge. La « déprise »[1] désigne, en effet, le processus de réaménagement de l'existence qui se produit au fur et à mesure que les personnes qui vieillissent doivent faire face à des circonstances nouvelles telles que des déficiences physiques croissantes, une fatigue plus prégnante, ou encore de moindres sollicitations d'autrui. Ce réaménagement, qui conduit à une baisse tendancielle du niveau moyen des activités, est le produit de tout un ensemble de reconversions : les vieilles personnes recourent à des aides techniques ou des astuces pour s'adapter aux difficultés auxquelles elles sont confrontées ; elles remplacent des activités qu'elles ne peuvent plus réaliser par un substitut (par exemple, en regardant la messe à la télévision faute de pouvoir se rendre à l'église) ; elles poursuivent leurs activités antérieures, mais sur une plus petite échelle ou à un rythme ralenti (en continuant à conduire, mais sur des trajets plus courts ; en maintenant une activité de jardinage, mais en réduisant la surface cultivée) ; elles délaissent certaines activités afin de continuer à avoir prise sur d'autres. Elles s'efforcent ainsi de conserver, aussi longtemps que possible, des engagements importants pour elles.

Il convient de souligner le caractère plus ou moins accentué du phénomène de déprise et, au-delà, la très grande diversité des trajectoires de vieillissement : loin d'être uniforme, la déprise se décline différemment selon les contextes physiologiques et sociaux, très divers, dans lesquels se déroule

1. J.-F. Barthe, S. Clément, M. Drulhe, « Vieillesse ou vieillissement ? Les processus d'organisation des modes de vie chez les personnes âgées », *Les Cahiers de la Recherche sur le Travail Social*, n° 15, 1988, p. 11-31; V. Caradec, *Vieillir après la retraite*, Paris, PUF, 2004, ch.4; V. Caradec, « L'épreuve du grand âge », *Retraite et Société*, n°52, 2007, p. 11-37.

l'avancée en âge. Ainsi, certaines personnes demeurent, à un âge avancé, investies dans de multiples activités : en bonne santé, connaissant peu de difficultés physiques malgré leur grand âge, continuant à être sollicitées, leur déprise prend la forme d'une succession de reconversions sans que celle-ci se traduise par une réduction du niveau de leurs activités. À l'inverse, d'autres cumulent les difficultés et sont amenées à s'engager dans des réaménagements nombreux de leur existence, jusqu'à abandonner des activités à leurs yeux essentielles – au point que l'ennui peut envahir leur quotidien et qu'on peut alors parler de « fortes déprises »[1].

Si la déprise décrit, à l'instar de la théorie du désengagement, une tendance à la baisse des activités au cours de l'avancée en âge, les différences entre les deux perspectives n'en sont pas moins importantes. Tout d'abord, cette réduction des activités n'est pas appréhendée, dans l'approche de la déprise, comme une manifestation implacable du vieillissement, mais comme un processus aux formes variées. Ensuite, la déprise n'est pas considérée comme étant fonctionnelle pour la société : elle résulte, plus simplement, de l'adaptation à des contraintes nouvelles dont la probabilité d'apparition s'accroît au fil de l'âge. Enfin, la déprise n'est pas irréversible : il arrive qu'à une phase de déclin des activités succède un « rebond », par exemple après le décès d'un proche ou une maladie.

Notons enfin qu'il existe une certaine proximité entre le concept de *déprise* et celui d'« optimisation sélective avec compensation », issu de la psychologie, et qui vise à rendre compte d'un triple mécanisme, gage d'un vieillissement « réussi »[2] : la *sélection* de certaines activités par les personnes qui vieillissent, lorsqu'elles constatent que leurs forces déclinent ; l'*optimisation*, qui consiste pour elles à s'investir fortement dans ces activités et à déployer des efforts particuliers pour les réaliser au mieux ; la *compensation*, qui les conduit à adopter des procédures ou des techniques permettant de pallier leurs déficiences, comme par exemple noter davantage de choses lorsque la mémoire devient défaillante. Les auteurs illustrent leur propos en

---

1. S. Clément, J. Mantovani, « Les déprises en fin de parcours de vie », *Gérontologie et société*, n° 90, 1999, p. 95-108.
2. P. Baltes, « L'avenir du vieillissement d'un point de vue psychologique: optimisme et tristesse », *in* J. Dupâquier (sd), *L'Espérance de vie sans incapacités*, Paris, PUF, 1997.

prenant l'exemple d'Arthur Rubinstein qui, pour continuer à jouer du piano et à se produire en public jusqu'à un âge avancé, a mis en œuvre cette triple stratégie : il a réduit son répertoire en le limitant à quelques morceaux (sélection) ; il s'est davantage entraîné (optimisation) ; il a ralenti le rythme avant les mouvements rapides, qu'il ne pouvait plus jouer aussi vite qu'auparavant, afin de produire le contraste (compensation).

2. L'expérience du vieillissement

En abandonnant les théories fonctionnalistes de l'activité et du désengagement pour des études constructivistes et interactionnistes dont les approches en termes de mondes sociaux et de déprise constituent de bonnes illustrations, la sociologie du vieillissement a changé de visage. Ce faisant, elle s'est de plus en plus intéressée à l'expérience du vieillissement et a dégagé deux grandes manières de vivre l'avancée en âge : d'une part, *devenir* vieux sans *être* vieux ; d'autre part, *être* vieux.

Il s'agit là de deux positionnements par rapport à la vieillesse, qui renvoient à deux types de récits de soi, deux manières opposées d'établir le lien entre le présent et le passé. D'un côté, ceux qui affirment qu'ils deviennent vieux ne pensent pas qu'il existe une rupture entre ce qu'ils sont et ce qu'ils ont été : ils estiment que « ça continue comme avant, malgré les difficultés ». De l'autre, ceux qui considèrent qu'ils sont vieux ont le sentiment d'une rupture dans leur existence et d'être devenus autres qu'ils étaient : « Maintenant, je ne suis plus comme avant » est le *leitmotiv* de leur discours [1].

2.1 *Devenir* vieux

La première expérience du vieillissement consiste donc à ressentir que l'on *devient* vieux. Pour des femmes québécoises[2], le « devenir vieille » est

1. V. Caradec, « Être vieux ou ne pas l'être », *L'Homme et la Société*, n°147-148, 2003, p. 151-167.
2. M. Côté, « Le devenir-vieille : un construit en émergence », *Prévenir*, n° 35, 1998, p. 89-98.

advenu vers la quarantaine ou la cinquantaine. Il a été provoqué par divers « déclencheurs » : des changements dans l'insertion sociale (le départ des enfants, le décès du conjoint, la retraite) ou des manifestations corporelles (une maladie, des changements dans l'apparence). Ces dernières, loin d'être seulement physiologiques, ont été médiatisées par les significations qu'elles ont reçues de la société. En effet, si les changements corporels interviennent à ce point dans le sentiment qu'ont ces femmes d'être entrées dans la phase du « devenir vieille », c'est parce que leur corps peine désormais à satisfaire les canons esthétiques et qu'en perdant ses qualités d'« objet sexuel », il « acquiert une visibilité différente » et suscite de nouveaux regards. Les autres jouent ainsi un rôle important dans la naissance du sentiment de devenir vieux. C'est aussi ce que souligne Simone de Beauvoir[1] en rapportant une anecdote personnelle : « J'ai tressailli à 50 ans, raconte-t-elle, quand une étudiante américaine m'a rapporté le mot d'une camarade : « Mais alors, Simone de Beauvoir, c'est une vieille ! ».

Le tressaillement de Simone de Beauvoir attire notre attention sur une première caractéristique du « devenir vieux » : le décalage entre visions intérieures et extérieures de soi. Pour reprendre les termes du même auteur, l'expérience de la vieillesse constitue « un rapport dialectique entre mon être pour autrui, tel qu'il se définit objectivement, et la conscience que je prends de moi-même à travers lui ». Ainsi, les femmes rencontrées par Michèle Côté expriment le sentiment d'un décalage entre ce qu'elles ressentent d'elles-mêmes, à savoir l'impression d'être encore jeunes, et le regard des autres qui les renvoie vers la vieillesse. De même, Norbert Elias[2], dans une conférence prononcée alors qu'il était âgé de 86 ans, prend la métaphore de l'équilibriste pour exprimer ce hiatus entre le sentiment qu'il a de lui-même et le miroir que lui tendent les autres.

Une seconde caractéristique de la phase du « devenir vieux » est le souci de ceux qui s'y trouvent de se distinguer des « vieux ». Des entretiens[3] font

---

1. S. de Beauvoir, *La vieillesse*, Paris, Gallimard, 1970.
2. N. Elias, « Vieillir et mourir : quelques problèmes sociologiques », *La solitude des mourants*, Paris, C. Bourgois, 1987.
3. V. Minichiello *et alii*, "Perceptions and consequences of ageism", *Ageing and Society*, vol. 20, 2000, p. 253-278.

apparaître les stratégies discursives qui permettent de marquer cette différence : puisque les « vieux » sont ceux qui ne font plus rien, qui sont renfermés sur eux-mêmes et sur leurs habitudes et qui ne parviennent plus à donner un sens à leur existence, les enquêtés se présentent comme actifs, mobiles, occupés, ne se laissant pas aller intellectuellement. Et ils se plaisent à souligner qu'ils ne se *sentent* pas vieux. D'autres stratégies de distinction sont repérables, par exemple le refus de participer à des activités de club ne réunissant que de vieilles personnes ou de se faire accompagner en ville par son aide ménagère, ou encore la réticence à accepter la téléalarme ou les tentatives pour l'escamoter de la vue des autres.

2.2 *Être* vieux

Si « être vieux » fait figure de repoussoir pour certains, il s'agit aussi d'une expérience vécue par d'autres. Comment passe-t-on alors du « devenir vieux » à l'« être vieux » ? Tout en gardant à l'esprit que les discours peuvent fluctuer au cours d'un même témoignage (tel peut se présenter comme vieux à un moment donné et s'y refuser un peu plus tard), on peut avancer quelques éléments de réponse. Ainsi, dans l'enquête de Victor Minichiello, les personnes interrogées soulignent l'importance de l'opérateur « en venir à se sentir vieux » : c'est lorsqu'on commence à se sentir vieux que l'on réduit ses activités, que l'on est considéré par les autres comme moins actif et que, progressivement, on en arrive à penser que l'on est vieux. Dans une autre recherche[1], c'est la dégradation de la santé et le handicap qui se trouvent associés à la transition vers la grande vieillesse. Cette transition est considérée, à la fois par ceux qui s'en approchent et par ceux qui l'ont vécue, comme une « exclusion de la vie normale » et comme l'entrée « dans un âge qui ne relève plus vraiment de la vie sans appartenir encore à la mort ». Reprenant une analyse en terme d'ethos, proche de celle qu'il a développée dans *Vieillesses*, Christian Lalive d'Épinay distingue trois formes d'exclusion selon le type d'univers culturel dans lequel vivent les personnes qui pénètrent dans la grande vieillesse. Pour les vieux paysans du Valais suisse, qui baignent

1. C. Lalive d'Epinay, « Images de la vieillesse », *Entre retraite et vieillesse*, Lausanne, Réalités sociales, 1996.

dans un monde imprégné de sacré, c'est l'impossibilité de continuer leur travail antérieur, même à un rythme ralenti, qui les rejette dans la vieillesse : ils sont alors exclus de « la grande liturgie cosmique » qui organise l'ordre du monde et dans laquelle le travail constitue un élément essentiel. Pour les ouvriers et les cadres appartenant à la société industrielle, fondée sur la valorisation du travail, c'est l'exclusion du monde professionnel ou des substituts qui lui ont été trouvés après la retraite qui signe leur entrée dans la vieillesse. Quant aux membres des classes moyennes et supérieures, porteurs de l'éthique de l'épanouissement personnel, c'est de la quête des plaisirs que peut offrir l'existence qu'ils se trouvent exclus. Ainsi, dans chaque société, « la vieillesse se trouve définie par l'exclusion du projet de vie que cette société propose (ou impose) aux siens ».

Pour approcher l'« être vieux », Bernadette Puijalon[1] analyse, quant à elle, des récits autobiographiques qu'elle fait « dialoguer » autour de plusieurs thèmes qui sont autant de « facettes du vieillissement ». Dans ces récits, la vieillesse « est perçue non pas comme le résultat d'un long cheminement, mais comme un *événement* ». Elle a certes été précédée de signes annonciateurs, mais elle survient cependant comme « un coup de tonnerre » déclenché par un signe apparemment banal : une chute, un anniversaire (les 80 ans sont souvent évoqués), une phrase ou un regard d'autrui. Cet événement, qui peut se produire à des âges variés, provoque des réactions diverses : aussi bien la peur, la douleur, l'accablement que la sérénité. Un autre thème récurrent est celui de l'enfance : il s'agit de « remonter vers sa source », de faire revivre les sensations du passé, d'atteindre la permanence de l'être, de refermer la parenthèse de l'âge mur, voire d'en annuler l'intervalle. Parallèlement, les auteurs se livrent à l'exercice de la relecture de vie : plus maîtrisé, moins impressionniste que l'évocation de l'enfance, il vise à donner une cohérence aux événements de l'existence, à donner un sens au parcours accompli et à en livrer les leçons. Enfin, c'est avec des métaphores qu'ils parlent de leur vieillesse : métaphores animales, végétales (« on était l'oiseau, on devient l'arbre » écrit, par exemple, Gilbert Cesbron) ou minérales (Jean Guéhenno se compare à « une vieille étoffe usée, pleine de trous ») ; métaphores convenues (« la vieillesse est un naufrage ») ou méta-

1. D. Argoud, B. Puijalon, *La Parole des vieux*, Paris, Dunod, 1999, ch.3.

phores vives, qui renouvellent le genre (« J'ai la main pleine d'un sable qui tombe, inutile. Il m'en reste peu et il est sans valeur » écrit Marc Bernard).

3. Le vieillissement, un phénomène relationnel

L'analyse du vieillissement comme processus et comme expérience peut maintenant être complétée à travers une rapide exploration de son caractère relationnel. De ce point de vue, on peut considérer que les autres interviennent d'une double manière : d'une part, en tant que co-producteurs, au cours des interactions, du sentiment de vieillir et de la déprise ; d'autre part, comme « supports » ambivalents de l'individu vieillissant.

3.1 Les autres, co-producteurs du sentiment de vieillir et de la déprise

L'étude de l'expérience du vieillissement nous a déjà alertés sur le rôle des interactions. Une enquête australienne sur le vécu de l'« âgisme » (*i.e.* la discrimination dont sont victimes les plus âgés) permet d'observer un peu plus précisément comment la conscience de vieillir advient au cours des interactions quotidiennes[1] : remarques peu amènes, par exemple sur la lenteur des personnes âgées ; coups de klaxon sanctionnant leur manière de conduire trop prudente ; interrogations dubitatives sur leur aptitude à faire (*« Est-ce que tu vas y arriver à ton âge ? »*) ; manque de patience et d'attention des médecins à leur égard ; attitude protectrice ou condescendante, qui peut d'ailleurs partir d'une bonne intention comme lorsque quelqu'un cède sa place, dans un transport en commun, à une personne plus âgée. Les personnes interrogées font aussi état d'un autre mécanisme interactionnel lié à l'âge : elles se sentent, disent-elles, « tenues à l'œil », c'est-à-dire qu'elles ont l'impression qu'un faux pas ou qu'une baisse d'activités de leur part va être interprétés par leur entourage, qui attend et redoute ce moment, comme le signe qu'elles « lâchent prise ».

---

1. V. Minichiello *et alii*, *op. cit.*

Si l'on accorde parfois trop d'importance au pouvoir d'assignation identitaire du regard d'autrui (en oubliant que les autres sont multiples, que leurs regards ne sont pas nécessairement homogènes et que les attributions identitaires qu'ils opèrent peuvent être rejetées comme non pertinentes), il n'en reste pas moins que les manifestations courantes de l'âgisme ne sont pas sans conséquences. Ainsi, confrontée à une nouvelle image de soi (l'image de quelqu'un de vieux, incapable de faire certaines choses, qui gêne les autres, etc.), la personne en vient à s'interroger sur son identité. De plus, l'« âgisme interactif » incite à adopter certaines stratégies comportementales : les personnes qui y sont confrontées font en sorte d'éviter de nouvelles interactions désagréables et réduisent leurs contacts sociaux les plus chargés d'incertitude, ou tentent au contraire de négocier une nouvelle image d'elles-mêmes en s'efforçant de se conformer au modèle de la personne active. Ajoutons que les interactions « humaines » ne sont pas les seules à participer à la construction de l'identité vieillissante : les interactions avec les objets matériels y contribuent également. C'est ainsi que l'usage de certains objets assigne une identité d'âge : une canne, par exemple, ou encore une téléalarme sont des marqueurs de la vieillesse. Par ailleurs, les handicaps peuvent rendre difficile l'accès à certains lieux qui exigent des compétences que n'ont pas toujours les personnes souffrant de déficiences physiques, incapables par exemple d'ouvrir la porte un peu lourde d'un bâtiment ou de se hisser dans un bus. Conçus pour des adultes valides, ces dispositifs constituent une discrimination à l'encontre des personnes affaiblies ou handicapées.

La difficulté des interactions avec les gens et avec les choses constitue ainsi un déclencheur de la déprise, contribuant au repli sur l'espace domestique au cours de l'avancée en âge[1]. La présence dans l'espace public peut, en effet, devenir source d'angoisse et d'anxiété : peur de ne pas pouvoir suivre les normes de mobilité en voiture et de provoquer l'ire des autres automobilistes ; crainte de perturber le flux piétonnier ; difficulté à prendre le bus, à la fois parce que la hauteur de la marche pour y accéder constitue un obstacle périlleux et parce que la rapidité exigée pour en monter et en descendre, sous le regard pas toujours compréhensif du chauffeur, rend la manœuvre délicate

1. S. Clément, J. Mantovani, M. Membrado, « Vivre la ville à la vieillesse: se ménager et se risquer », *op. cit.*

et éprouvante pour l'amour-propre. Les vieilles personnes limitent donc leurs sorties et leur préfèrent la quiétude de leur espace domestique et, lorsqu'elles sortent, privilégient les heures où la circulation urbaine est la plus faible. Elles recherchent aussi des « espaces protégés » dans lesquels « les rapports de concurrence entre les personnes âgées et les jeunes sont peu marqués », par exemple des petits commerces ou des jardins publics délaissés par les plus jeunes et qu'elles peuvent alors s'approprier.

3.2 Les autres, supports ambivalents de l'individu vieillissant

Co-producteurs du sentiment de vieillir et de la déprise, les autres constituent également, pour ceux qui avancent en âge, des « supports » qui peuvent les aider à se convaincre que leur existence a encore un sens et à préserver le sentiment de leur propre valeur. Ces supports interpersonnels, qui prennent notamment la forme de sollicitations et d'encouragements adressés à la personne âgée pour l'inciter à participer à telle ou telle activité, se trouvent certes fragilisés lors du décès des proches, notamment celui du conjoint, ou lorsque les petits-enfants grandissent et se font moins présents auprès de leurs grands-parents. Cependant, d'autres supports interpersonnels demeurent, voire apparaissent : une aide à domicile ou un proche peuvent ainsi jouer un rôle essentiel pour permettre à une personne devenue physiquement fragile de maintenir une « prise » sur le monde. Mais ces supports se révèlent aussi ambivalents. Ils peuvent, en effet, concourir à la déprise lorsque les « aidants », par leur sollicitude, précipitent l'abandon de certaines activités – conduire ou faire ses courses, par exemple. Cette ambivalence des supports interpersonnels apparaît également lorsque les interactions avec les autres (proches ou professionnels) conduisent à un enfermement relationnel et à une mise en dépendance – au sens de remise de soi, et donc de disparition de l'autonomie. Margret Baltes[1] a ainsi dégagé deux mécanismes de mise en dépendance par rapport à autrui : la dépendance acquise, lorsque l'« aidant » fait *à la place* de la personne, la privant ainsi de toute initiative ; l'impuissance apprise, lorsqu'il se refuse à reconnaître les

1. M. Baltes, *The Many Faces of Dependancy in Old Age*, Cambridge, Cambridge University Press, 1996.

efforts que fait la personne pour maintenir ou retrouver une certaine autonomie, refus qui invalide ses efforts et la décourage de persévérer.

Enfin, il est une autre manière, pour les autres, de constituer un support au cours de l'avancée en âge : à travers les comparaisons que les personnes qui vieillissent établissent avec des personnes du même âge. Le plus souvent, ces comparaisons se font sur le mode du « contraste descendant », c'est-à-dire avec quelqu'un que l'on considère comme allant moins bien que soi. Aussi ce mécanisme permet-il d'asseoir le sentiment que l'on ne vieillit pas si mal que cela et de conforter l'estime de soi.

4. Les transitions du vieillissement

Les deux grandes perspectives sociologiques qui ont inspiré les travaux sur le vieillissement individuel invitent à porter une attention particulière aux grandes étapes qui scandent l'avancée en âge. Pour la perspective fonctionnaliste, chacune de ces transitions marque la perte d'un certain rôle social, à laquelle l'individu doit s'ajuster en trouvant un rôle de remplacement ou en acceptant le retrait inéluctable. Dans la perspective constructiviste et interactionniste, les moments de transition provoquent un triple changement, potentiellement perturbateur pour l'identité : l'individu doit renégocier la définition de lui-même ; son environnement relationnel se transforme alors qu'il joue un rôle essentiel dans la construction de l'identité ; les routines, qui contribuent puissamment au maintien des « allants de soi » de la vie quotidienne, se trouvent déstructurées.

Nous aborderons ici trois événements marquants du vieillissement – la retraite, le veuvage et l'entrée en maison de retraite – ainsi qu'une dernière transition dont le point de départ est plus subjectif : la « conscience de sa finitude ».

4.1 La retraite, un cap difficile à franchir ?

Les premiers travaux sur le vieillissement ont accordé une grande importance à la transition de la retraite, qui marquait alors symboliquement l'entrée dans la vieillesse. Ils ont considéré qu'elle constituait un moment de crise –

du moins pour les hommes, car les femmes semblaient préservées par l'orientation domestique et familiale de leur intégration sociale. Ainsi, Cumming et Henry repèrent trois problèmes auxquels se trouve confronté l'homme retraité, même si selon eux la crise n'est que passagère et trouve sa solution dans la prise de distance psychologique par rapport au monde : la perte de son statut, la privation de son rôle instrumental alors qu'il lui est difficile de se tourner vers un rôle socio-affectif et la disparition du groupe des pairs formé par les collègues de travail.

La transition de la retraite peut certes être délicate à gérer et douloureuse à vivre : des recherches empiriques sur les ouvriers dans les années 1950, les préretraités dans les années 1970 ou les cadres supérieurs en attestent. Ce vécu difficile de la retraite apparaît, cependant, circonscrit[1] : l'arrêt de l'activité professionnelle ne provoque pas, en général, de traumatisme et semble au contraire plutôt bien vécu. Quant à la prétendue mortalité accrue dans l'année qui suit la retraite, elle semble relever du mythe. Deux éclairages complémentaires permettent de rendre compte de cette expérience plutôt favorable de la transition, l'un rappelant le contexte contemporain de la retraite, l'autre mettant en lumière les mécanismes de la reconstruction identitaire.

• *Le contexte contemporain de la transition de la retraite*

Le vécu de la retraite doit, tout d'abord, être replacé dans le contexte dans lequel se déroule aujourd'hui la cessation d'activité professionnelle. Celui-ci est marqué par trois phénomènes : des fins de carrières difficiles pour les salariés quinquagénaires ; une pénibilité du travail qui s'est accrue au cours des vingt dernières années, à la fois sur le plan psychologique et sur le plan physiologique ; la diffusion de valeurs d'épanouissement et de réalisation de soi, qui a contribué à faire de la retraite une nouvelle étape de l'existence, un moment de reconversion et d'engagement dans des activités nouvelles. La retraite est ainsi devenue désirable.

---

1. P. Paillat (sd), *Passages de la vie active à la retraite*, Paris, PUF, 1989 ; E. Crenner, « Être retraité : quelle identité après le travail », *Économie et statistique*, n°393-394, 2006, p. 41-60.

Au-delà de ces tendances générales, la manière dont les individus négocient la transition dépend de leur trajectoire et de la signification qu'ils accordent à la retraite. C'est pourquoi les cadres fortement investis dans leur vie professionnelle apparaissent si sensibles à la cessation d'activité. C'est aussi la raison pour laquelle les femmes, lorsqu'elles vivent leur engagement professionnel comme un moyen d'échapper à l'enfermement domestique ou comme une occasion de se réaliser après que leurs enfants ont grandi, peuvent connaître une transition difficile. Les individus se projettent en effet plus ou moins à l'horizon de la retraite selon leur degré d'investissement dans le travail au cours de la seconde partie de leur carrière professionnelle. Thomas Troadec a ainsi pu dégager plusieurs « dynamiques identitaires » parmi des agents techniques, des femmes en grande majorité : l'*acteur novateur*, qui s'investit fortement dans son activité professionnelle après le départ des enfants, se projette plus difficilement dans sa future existence de retraité que l'*acteur fonctionnel* ou que l'*acteur pluriactif* qui attachent plus d'importance à leurs activités extra-professionnelles[1].

Par ailleurs, les conditions de la retraite jouent un rôle très important dans la manière de vivre la transition : vivre seul, avoir de faibles revenus, se considérer en mauvaise santé sont des prédicteurs d'une mauvaise adaptation à la retraite. De même, le caractère brutal et inattendu de la cessation d'activité n'est pas sans conséquences : Xavier Gaullier donne à voir combien les préretraites sans préavis, prenant effet au moment même où elles sont annoncées, ont pu être traumatisantes[2].

• *Les mécanismes de la reconstruction identitaire*

L'étude des mécanismes psychosociaux à travers lesquels se reconstruit l'identité sociale, tant en amont qu'en aval de la cessation d'activité, permet également de comprendre pourquoi le passage à la retraite se déroule, le plus souvent, en douceur (et aussi pourquoi il se fait parfois plus difficilement, lorsque ces mécanismes se trouvent entravés).

1. T. Troadec, « Les salariés ont-ils un âge? », *Gérontologie et société*, n° 85, 1998, p. 17-38.
2. X. Gaullier, *L'avenir à reculons*, Paris, Éditions Ouvrières, 1982.

Avant même la fin de son activité professionnelle, le futur retraité prend peu à peu ses distances avec elle. Plusieurs phénomènes contribuent à cette « désocialisation professionnelle anticipée » : le fait d'être désormais tenu à l'écart des promotions ou de la formation continue ; le sentiment que l'on n'est plus en phase avec les nouvelles valeurs de l'entreprise auxquelles adhèrent les plus jeunes[1]; les conseils prodigués lors de stages de préparation à la retraite ; les remarques des proches et des collègues qui viennent rappeler le prochain changement de statut. Parallèlement, la croyance en la crise de la retraite, renforcée par tous ceux qui mettent en garde le futur retraité contre les effets négatifs de la cessation d'activité et par les anecdotes qui circulent à ce sujet, joue un rôle de « prophétie auto modératrice » : le néoretraité, mis sur ses gardes, cherche à éviter la crise annoncée, et se montre d'autant plus satisfait et confiant lorsqu'il constate que les maux redoutés l'ont épargné.

Une fois la retraite advenue, le défi consiste à réorganiser son existence en trouvant à occuper le temps libéré par la fin de l'activité professionnelle. Pour ce faire, les retraités disposent de supports, plus ou moins nombreux et efficaces, qui canalisent leur reconstruction identitaire et, suivant les cas, la facilitent ou l'entravent. Il existe, tout d'abord, des supports collectifs – comme les rôles sociaux valorisés à ce stade de l'existence, par exemple ceux de bénévole et de grand-parent –, qui fournissent des cadres d'identification et des opportunités d'engagement. Ensuite, le néoretraité puise dans ses ressources « identitaires » : il peut ainsi réinvestir, dans un cadre bénévole, ses compétences professionnelles, ou actualiser ses identités potentielles – ce qu'il a fait autrefois et qu'il a dû abandonner ou ce qu'il n'a jamais pu faire à son grand regret. Enfin, il peut compter sur le soutien de ses proches : enfants, amis et, surtout, conjoint. Le plus souvent, en effet, le passage à la retraite se négocie à deux[2]. Le conjoint peut ainsi jouer un rôle de validation lorsqu'il encourage ou soutient les initiatives du néoretraité, le confirmant ainsi dans les identités nouvelles qu'il a adoptées ou tente d'adopter. Il peut aussi avoir un rôle de proposition et de stimulation lorsqu'il l'incite à développer telle ou telle acti-

1. L. Nowick, « Les salariés "âgés" d'EDF-GDF », *Gérontologie et société*, n° 85, 1998, p. 99-109.
2. V. Caradec, *Le Couple à l'heure de la retraite*, Rennes, Presses universitaires de Rennes, 1996.

vité. Parfois, à l'inverse, il invalide ses tentatives de reconstruction de soi, rendant alors plus difficile le franchissement du cap de la retraite.

4.2 Le veuvage : transformations et maintien de soi

Le veuvage a tout d'abord été considéré, avec le départ des enfants, comme l'une des deux transitions majeures du vieillissement féminin : « le veuvage est aux femmes ce que la retraite est aux hommes » écrivent Cumming et Henry tout en estimant que « les problèmes posés par le veuvage sont résolus plus facilement que les problèmes de la retraite ». S'il est vrai que le veuvage concerne plus souvent les femmes que les hommes âgés du fait de l'inégale espérance de vie entre les sexes, il est cependant apparu rapidement que le décès du conjoint pouvait également constituer une épreuve douloureuse pour les hommes, et même plus douloureuse selon certains indicateurs comme le taux de surmortalité par rapport aux personnes vivant en couple.

L'expérience contemporaine du veuvage prend place dans un contexte marqué par la déritualisation et la privatisation de la mort : la phase de deuil n'est plus socialement définie, les marques publiques ont disparu et la mort concerne désormais les seuls proches du défunt. Aussi est-ce à la personne veuve qu'il revient de reconstruire son identité et de réorganiser son existence à partir de ses ressources personnelles et de celles que lui offre son environnement social. Cette reconstruction identitaire n'est pas le processus inverse de celui qui se produit au moment du mariage et qui transforme le « moi individuel » en « moi conjugal » : s'il y a bien reconstruction d'un « moi individuel », le « moi conjugal » ne s'efface pas, mais se trouve redéfini[1].

• *De l'effondrement de soi à la reconstruction d'un « moi individuel »*

Le décès du conjoint apparaît, dans un premier temps, profondément déstabilisant : il provoque l'effondrement des « allants de soi » de la vie quotidienne, fait vaciller le sentiment de sécurité ontologique et conduit à

1. V. Caradec, « Le veuvage, une séparation inachevée », *Terrain*, n° 36, 2001.

une perte de signification de l'existence. L'expérience du veuvage est d'abord celle du vide, l'impression de vide dans la maison faisant écho au sentiment de vide intérieur. Elle est aussi celle de la solitude, particulièrement douloureuse pendant les repas, au cours de la soirée, parfois devant le poste de télévision, et en certaines circonstances comme les fêtes, les anniversaires ou les repas de famille.

Avec le conjoint, disparaît non seulement un être cher, mais aussi le partenaire des activités quotidiennes et celui qui, par sa présence, donnait un sens à certaines de ces activités : préparer les repas, faire des travaux dans la maison, partir en vacances, etc. Aussi, le survivant doit-il relever un double défi : trouver que faire de ses journées déstructurées et essayer de donner une nouvelle signification à son existence. Dans cette entreprise, le soutien de l'entourage est essentiel. Il prend la forme d'encouragements : ainsi, lorsque la personne veuve tarde à mettre un terme à la phase de deuil, un proche ou le médecin décrètent souvent qu'« il est temps de sortir ». Il se manifeste également par des sollicitations : par exemple, une fille propose à sa mère de garder ses propres enfants, un fils demande à son père de l'aider dans les travaux de sa maison, ou encore un ami requiert de l'aide pour une association.

Parallèlement, le décès du conjoint est un moment de restructuration des liens sociaux. Certains disparaissent : le repli sur soi qui caractérise la phase de deuil réduit les contacts et certaines relations antérieures ne parviennent pas à se reconstruire sur des bases nouvelles. Il arrive notamment que la personne veuve se sente mal à l'aise avec des couples d'amis : elle perçoit la relation comme dissymétrique, répugne à « déranger les couples » ou ne souhaite pas être confrontée à l'image du bonheur conjugal. *A contrario*, d'autres relations sont susceptibles de se développer : celles avec la famille, en particulier avec les enfants, peuvent se resserrer et se traduire par une recohabitation ou un déménagement pour se rapprocher d'eux ; le réseau de sociabilité personnel peut être réactivé ou développé ; de nouvelles relations privilégiées peuvent apparaître.

Il faut insister sur la grande diversité dans les évolutions qui suivent le décès du conjoint : elles vont du repli sur soi à l'ouverture sur autrui, de la réduction des activités au développement de centres d'intérêt nouveaux, du sentiment d'une amputation à l'expression d'une certaine libération. Cette diversité peut renvoyer à des stades successifs dans le processus de reconstruction de soi, mais elle apparaît également liée à un certain nombre de facteurs. Tout d'abord, les réactions au décès du conjoint dépendent de la phase du vieillissement au cours de laquelle survient le décès[1] : si le veuvage tend à être vécu comme un défi lorsqu'il se produit autour de la cinquantaine, il est dramatique lorsque les conjoints, en phase d'« autonomie menacée », se soutenaient mutuellement. Ensuite, hommes et femmes vivent différemment cette épreuve : il apparaît notamment que les veufs ont une plus grande propension à former un nouveau couple alors que les veuves développent plus souvent des relations amicales, notamment avec une autre veuve. Enfin, la manière dont est négociée la transition du veuvage dépend des caractéristiques de la relation conjugale : avoir des activités et un réseau de sociabilité indépendants de ceux du conjoint apparaît comme un atout pour s'occuper et redonner un sens à son existence après son décès, mais une certaine « libération » peut également se produire lorsque le mode de fonctionnement conjugal antérieur était « fusionnel ».

• *Maintien et reformulation du « moi conjugal »*

La reconstruction du « moi individuel » ne signifie pas la disparition du « moi conjugal » : le conjoint décédé continue à jouer un rôle central et structurant dans la vie de beaucoup de veuves et de veufs âgés, y compris lorsqu'ils ont formé un nouveau couple.

La disparition du conjoint ne marque pas, en effet, la fin du lien conjugal : le disparu reste au contraire très présent pour le conjoint survivant. Il l'est à travers différents objets et « lieux de mémoire » qui symbolisent tant sa personne que la relation entre les conjoints : des photos, un fauteuil, la pièce qu'il occupait de manière privilégiée, son alliance, des souvenirs achetés en commun, le restaurant où le couple avait l'habitude d'aller, etc. Il est aussi présent dans les conversations avec les enfants ou à travers les souvenirs échangés avec la nouvelle conjointe ou l'amie veuve, avec laquelle il est d'autant plus facile d'évoquer le passé qu'elle se trouve dans la même situa-

1. C. Lalive d'Epinay, « La solitude: condition humaine et modernité », *Entre retraite et vieillesse*, *op. cit.*

tion que soi. Il arrive également que le disparu se trouve sollicité et qu'un dialogue imaginaire s'instaure avec lui, qui prolonge et se nourrit des interactions passées.

La mémoire n'est pas figée, cependant. Elle procède par sélection et reconstruction du passé et permet que s'établisse peu à peu un nouveau rapport avec le défunt. La personnalité du conjoint se trouve ainsi reconstruite autour de quelques traits saillants et de certaines anecdotes. Ce travail d'élaboration d'une « bonne distance » avec le disparu n'est pas seulement mental, il consiste aussi dans la manipulation des supports matériels de la mémoire. Le survivant se sépare ainsi de certains objets qui concentrent les souvenirs les plus douloureux. *A contrario*, d'autres objets deviennent les canaux privilégiés du souvenir et du maintien du lien conjugal.

4.3 L'entrée en maison de retraite, un défi pour l'identité

Comme nous l'avons vu dans le chapitre 2, l'entrée en maison de retraite a tout d'abord été pensée comme un processus de dépersonnalisation aux effets dévastateurs pour l'identité. Puis, une plus grande attention a été portée au point de vue des résidants et à la manière dont ils réagissent à leur entrée en institution. On peut dès lors s'interroger sur les mécanismes de la transition identitaire, en se demandant comment se construit la familiarité avec le nouvel environnement et de quelle manière les personnes qui entrent en institution gèrent leur identité dans ce nouveau contexte.

• *La construction de la familiarité*

Le processus par lequel le monde étranger de la maison de retraite devient progressivement plus familier[1] commence avant même l'installation, au moment du choix de l'établissement. En effet, les futurs résidants peuvent déjà connaître leur prochain lieu de vie. Celui-ci peut être situé dans leur quartier, ils peuvent en avoir déjà entendu parler, y avoir rendu visite à

1. J. Reed, V. Payton, « Constructing Familiarity and Managing the Self », *Ageing and Society*, vol. 16, 1996, p. 543-560. Cf. aussi, sur le site du Centre d'Analyse Stratégique, le rapport *L'EHPAD: Pour finir de vieillir*, 2006.

quelqu'un ou connaître, même indirectement, un membre du personnel. Ceux qui entrent dans un établissement avec lequel ils n'ont aucun lien, comme c'est souvent le cas lorsque le choix de la structure d'hébergement est fait pour se rapprocher d'un enfant, peuvent également développer un savoir préalable sur l'institution en se fondant sur les informations données par leurs enfants. La familiarisation se poursuit une fois que la personne s'est installée dans l'établissement : les membres du personnel fournissent de précieux points de repère ; les premières conversations avec les autres résidants, même si elles ne débouchent pas sur des relations approfondies, permettent au nouveau venu de situer les autres personnes, ce qui l'aide à s'orienter dans son nouvel environnement. Parallèlement, l'appropriation d'un lieu à soi en maison de retraite est plus facile aujourd'hui avec le développement des chambres individuelles et la possibilité de personnaliser sa chambre afin de recréer un chez-soi.

Les résidants parviennent cependant plus ou moins bien à se familiariser avec ce nouvel univers[1]. Les uns, qui semblent avoir tourné la page de leur existence antérieure, trouvent leur équilibre en s'intégrant pleinement à l'institution, en épousant ses règles et ses rythmes, en participant aux animations proposées et en nouant des liens avec certains membres du personnel. D'autres, appartenant plutôt aux milieux culturellement favorisés et qui ont choisi d'entrer en maison de retraite dans le but de conserver leur autonomie (notamment par rapport à leurs enfants), font comme abstraction de la réalité institutionnelle et collective de l'établissement et parviennent à assurer une certaine continuité avec leur vie antérieure : investissant peu les parties communes, s'entourant de meubles et d'objets provenant de leur ancien logement et de photos de leurs proches, ils recréent dans leur chambre un monde personnel et ils cherchent à maintenir des contacts avec l'extérieur. D'autres enfin, qui ont le sentiment d'avoir été « placés », ne réussissent pas à trouver un nouvel équilibre et à recréer un chez-soi : ils conservent une forte nostalgie de leur ancienne vie, sombrent dans l'ennui et se réfugient dans leurs souvenirs et dans leurs rêves.

1. I. Mallon, *Vivre en maison de retraite. Le dernier chez-soi*, Rennes, Presses universitaires de Rennes, 2004.

• *La gestion de l'identité*

Ceux qui entrent en maison de retraite se trouvent aussi confrontés au défi de maintenir leur identité dans un environnement marqué par la présence de personnes très âgées qui, pour une partie d'entre elles, sont physiquement ou mentalement déficientes. Ces personnes constituent une triple menace pour les résidants encore valides. Tout d'abord, elles sont l'image de ce qu'ils craignent de devenir. Ensuite, en vivant dans le même établissement, le risque existe d'être confondu avec elles. Enfin, les situations de co-présence avec ces personnes qui ne parviennent plus toujours à respecter les règles de base des interactions sont potentiellement problématiques.

Face à ces multiples dangers, ceux qui sont encore valides mettent en œuvre diverses stratégies. On observe, tout d'abord, des comportements d'évitement visant à limiter les contacts dangereux[1] : les personnes les mieux portantes ne s'attardent pas dans les lieux occupés par celles qui sont le plus mal en point, et s'efforcent de ne pas utiliser les sanitaires collectifs ou repèrent l'heure de la toilette des personnes désorientées afin de s'y rendre à un autre moment. Dans certains établissements, les personnes les plus handicapées sont installées dans les espaces collectifs, devant la télévision de la salle commune ou dans les couloirs, ce qui entraîne le repli des plus valides sur leur espace privé. Dans d'autres cas, on relève une fine partition de l'espace. Ainsi, dans un home médicalisé suisse, on note l'existence de trois zones, hiérarchisées en fonction du degré de dépendance des résidants : la première zone comprend notamment la salle à manger du rez-de-chaussée où les pensionnaires valides prennent leur repas du midi ; la deuxième est limitée au troisième étage et à la « place du village » où les résidants qui ont besoin d'aide pendant les repas se retrouvent pour manger tout en s'efforçant de se débrouiller au maximum par eux-mêmes ; la troisième est réduite à la chambre d'où les personnes les plus atteintes ne sortent plus. Au fur et à mesure de l'aggravation des déficiences, les résidants passent de la zone la plus large à la plus étroite : ils se retirent eux-mêmes des espaces où ils ne

1. F. de Singly, *Libres ensemble*, *op. cit.*; J.-L. Alber, T. Bettosini, *Le Crépuscule des vieux*, Université de Neuchâtel, 1984.

peuvent plus se conformer aux règles de présentation de soi requises pendant les repas ou s'en trouvent exclus par les autres qui formulent des critiques ouvertes à leur encontre.

D'autres stratégies de différenciation passent par l'invention de catégories qui « typifient » les autres résidants et servent à les désigner. Par exemple, dans une maison de retraite norvégienne[1], les femmes les plus investies dans la vie collective ont recours à un système de classification assez élaboré qui repose sur trois critères : le sexe, le rapport à l'institution et l'importance du handicap. Elles distinguent ainsi, en plus d'elles-mêmes, cinq types de résidants : les « dames » (*Ladies*), moins investies qu'elles et qui ont besoin d'être davantage soutenues par le personnel ; les « bonshommes » (*Men-folk*), peu intégrés à la vie de l'établissement car ils souhaitent garder leurs distances avec ce qu'ils considèrent comme un pensionnat pour vieilles femmes ; les « hommes comme il faut » (*Gentlemen*), bien intégrés à la vie de l'établissement ; les « alités » (*Bed-ridden*) qui restent le plus souvent dans leur chambre ; les « perdus » (*Senile*), enfin, aux comportements jugés déviants.

4.4 L'approche de la mort : redéfinition et transmission de soi

Les théoriciens du désengagement voient dans la « prise de conscience nouvelle et impérieuse de l'inévitabilité de la mort » qui advient « à un certain moment de l'âge mûr » le probable déclencheur du retrait de l'individu par rapport à la société. Même si elle ne se trouve guère développée, c'est là une intuition féconde qui s'est trouvée précisée et amendée par quelques – trop rares – enquêtes sociologiques.

À partir d'une recherche réalisée au début des années 1970 dans un village de retraités de l'est des États-Unis, Victor Marshall[2] a étudié ce moment de l'existence où l'individu reconnaît que la mort approche, où il prend « conscience de sa finitude ». D'après lui, ce moment survient beaucoup plus tardivement que ne le suggéraient Cumming et Henry et il dépend

1. A. Bjelland, "Aging and Identity in a Norwegian Elderly Home", *Human Relations*, vol. 38, n° 2, 1985, p. 151-165.
2. V. Marshall, "A Sociological Perspective on Aging and Dying" *in* V. Marshall (ed), *Later Life. The Social Psychology of Aging*, Beverly Hills, Sage, 1986.

notamment de l'âge du décès de ses parents : ceux qui ont dépassé l'âge où leurs parents sont décédés ont plus souvent que les autres pris conscience de leur finitude. Cette prise de conscience conduit l'individu à engager un retour réflexif sur lui-même, qui prend la forme d'un triple mécanisme psychologique. Tout d'abord, il cherche à donner une signification à sa vie en rassemblant les éléments dans un tout cohérent : ce mécanisme, proche de ce qu'Erik Erikson désigne comme étant la huitième et dernière crise existentielle ou de ce que le psychologue Robert Butler nomme la relecture de vie (*life review*), prend, chez Marshall, un tour plus sociologique puisqu'il n'y voit pas seulement un mécanisme d'introspection, mais une reconstruction de son passé qui passe par la conversation avec les proches. Ensuite, l'individu s'efforce de donner un sens à sa mort, en estimant par exemple que sa vie n'a plus vraiment d'utilité, qu'il n'a plus rien à en attendre ou encore que mieux vaut ne pas survivre que de déchoir physiquement. C'est pourquoi beaucoup de personnes très âgées acceptent leur mort prochaine : la grande majorité de celles interrogées par Marshall considère que « la mort n'est pas tragique pour celui qui meurt, seulement pour les survivants ». Enfin, l'individu tente de garder une certaine maîtrise sur sa propre mort, ce qui peut s'avérer particulièrement difficile dans un contexte médicalisé.

Le travail que David Unruh[1] a consacré aux « mourants » – il entend par là des personnes âgées très malades ou qui ont fortement conscience d'être proches de leur fin – permet d'aborder un aspect complémentaire : celui de la transmission. L'auteur repère en effet trois stratégies mises en œuvre par les « mourants » pour préserver leur identité et la prolonger au-delà de leur mort. Tout d'abord, au cours de la relecture de vie, leur identité se cristallise autour de quelques traits essentiels qu'ils s'efforcent de transmettre, à travers des paroles destinées à ceux qui vont leur survivre, des écrits (lettres ou autobiographies) ou encore par certains actes : par exemple, celui qui prend une assurance obsèques peut vouloir laisser l'image d'un parent qui a tout fait pour ne pas être à la charge de ses héritiers. Ensuite, ils accumulent les objets qui symbolisent ce qu'ils sont et ont été, qui constituent des souvenirs d'épisodes importants de leur vie, des conservatoires des relations disparues

1. D. Unruh, « Death and personal history », *Social Problems*, vol. 30, n° 3, 1983, p. 340-351.

et qui contribuent ainsi au sentiment d'une continuité identitaire. Enfin, ils distribuent certains de ces objets ou planifient leur distribution dans leur testament, en choisissant soigneusement quel va en être le destinataire et en accompagnant parfois leur geste d'un commentaire sur ce qu'ils représentent.

À l'approche de la mort, la personne âgée s'installe dans un monde « entre deux »[1]. Son existence se trouve alors marquée par la « présence intime de la mort » et l'éloignement du monde social. C'est ce dont témoignent un certain nombre d'indices, comme l'importance des relations entretenues avec les morts (« les miens, ce sont ceux qui sont dans la terre »), le sentiment d'étrangeté par rapport aux jeunes (dont on ne peut plus suivre le rythme, que l'on n'arrive plus à comprendre, qui ont leurs propres codes de langage, etc.), la prégnance de la thématique du « passage » (le temps qui passe, les gens qui passent dans la rue, les enfants qui sont ou ne sont pas passés) ou encore la forte présence du monde végétal. L'individu, à l'approche de la mort, alors qu'il n'est plus qu'un « survivant » d'une époque révolue et un « étranger » dans le monde dans lequel il vit, privilégie l'appartenance à des entités qui transcendent le temps éphémère de la vie humaine : la lignée généalogique et le monde de la nature.

Appréhender le vieillissement comme une succession de transitions donne à voir l'importance des proches – les vivants, mais aussi les morts – dans la construction identitaire au cours des années de retraite. L'étude des ruptures biographiques permet aussi de se convaincre de la pertinence du concept de déprise pour penser l'avancée en âge : en réaménageant leur existence, les personnes qui vieillissent renoncent à certains aspects de leur vie antérieure, tout en conservant, aussi longtemps que possible, une « prise » sur le monde – des registres d'intérêt et des activités qui font sens.

1. S. Clément, « Les temps du mourir: changements et permanence », *Cahiers internationaux de sociologie*, vol. XCVII, 1994, p. 355-371.

Conclusion

En une quarantaine d'années, la sociologie de la vieillesse et du vieillissement est parvenue à produire un riche corpus de connaissances. Quelques pionniers ont balisé le champ en le dotant de grilles d'analyses fécondes et de concepts prometteurs, ouvrant ainsi la voie à de futures investigations.

• *Les deux regards sur la vieillesse*

Des travaux existants émanent cependant diverses tonalités. Les uns considèrent les retraités comme des victimes de la société, qui les exclut et les met en dépendance, alors que les autres les décrivent actifs et dynamiques ; la cessation d'activité apparaît tantôt comme un drame, tantôt comme une transition plutôt bien vécue ; les structures d'hébergement sont dépeintes comme des institutions destructrices pour l'identité ou, à l'inverse, comme des lieux dans lesquels les résidants recréent leur propre univers et parviennent à maintenir une définition d'eux-mêmes ; le vieillissement est théorisé comme un désengagement inéluctable ou comme un processus d'engagement dans des activités nouvelles. En un mot, la lecture sociologique de la vieillesse et du vieillissement oscille entre une version profondément pessimiste, qui souligne le triste sort des plus âgés, et une version plus souriante et optimiste qui tend à montrer que le vieillissement n'est pas mal vécu.

Au-delà de l'idiosyncrasie des chercheurs, ces tableaux sociologiques contrastés s'expliquent par trois phénomènes. Ils renvoient, tout d'abord, à la diversité des réalités de la vieillesse et des formes du vieillissement : les modes de vie sont très divers et ont beaucoup évolué au cours du dernier demi-siècle ; les handicaps physiques, très lourds pour les uns, sont inexistants pour les autres ; le vieillissement peut être vécu dans la sérénité ou dans le malheur. Ils dépendent, ensuite, du choix des objets de recherche : un travail sur la maltraitance ne produit pas la même image qu'une étude sur les solidarités familiales. Ils sont orientés, enfin, par la perspective théorique retenue, chaque point de vue guidant le regard vers certaines réalités et en laissant d'autres dans l'ombre. Sur ce plan, le champ de la vieillesse a connu les mêmes évolutions que les autres domaines de la sociologie : les approches compréhensives, qui situent leur dispositif d'observation au plus près des acteurs sociaux et s'efforcent de comprendre comment ceux-ci donnent sens à leur existence, ont pris le pas sur les analyses fonctionnalistes ou d'inspiration marxiste, davantage soucieuses de décrire des mécanismes macrosociaux et de rendre compte de la place attribuée aux personnes âgées dans la société.

• *Les dangers des catégories de « personnes âgées » et de « seniors »*

Il faut dire un mot, pour terminer, de la catégorie de « personnes âgées » – qui vaut tout autant pour celle de « seniors » qui tend, de plus en plus souvent, à s'y substituer. Leur usage illustre, tout d'abord, l'une des difficultés de l'analyse sociologique, le rapport entre catégories savantes et communes : une partie importante de ceux qui se trouvent classés dans ces catégories refuseraient sans doute pareil étiquetage. Par ailleurs, il faut garder présent à l'esprit les deux dangers auxquels exposent l'existence et l'« évidence » de ces catégories : l'homogénéisation et la décontextualisation.

Le premier danger consiste à penser la population âgée comme homogène alors que tous les travaux soulignent, au contraire, sa grande diversité. Il convient donc de manipuler avec précaution les propositions du type « les personnes âgées sont… » ou « les seniors font… ». De telles formulations sont dangereuses si elles ne se trouvent pas complétées par un aperçu des différences qui traversent la population considérée.

L'autre écueil est celui de la décontextualisation des résultats. La « montée en généralité », qui transforme des observations localisées en des assertions définitives sur ce que sont les « personnes âgées » ou les « seniors », est fondamentalement viciée. En effet, comme le souligne avec force Jean-Claude Passeron, les énoncés sociologiques ne peuvent être détachés de leur contexte : ils sont dépendants de la population étudiée et du moment de réalisation de l'enquête. Cette limite épistémologique fait tout l'intérêt des travaux comparatifs dans l'espace et dans le temps, et elle nous assure que la tâche du sociologue ne sera jamais achevée, toujours à renouveler.

Bibliographie

Cette bibliographie succincte vise à orienter le lecteur vers quelques ouvrages et articles de base en langue française.

Vieillesse et politiques publiques. Réflexions sur la place de la vieillesse dans la société contemporaine :

BOURDELAIS P., *Le Nouvel âge de la vieillesse. Histoire du vieillissement de la population*, Paris, Odile Jacob, 1993.

L'auteur, démographe, retrace l'histoire de la notion de *vieillissement de la population* et propose de redéfinir la catégorie de « personnes âgées » à partir d'un seuil évolutif d'entrée dans la vieillesse.

DUMONS B., POLLET G., *L'État et les retraites. Genèse d'une politique*, Paris, Belin, 1994.

L'histoire du vote de la loi sur les retraites ouvrières et paysannes de 1910.

ENNUYER B., *Les Malentendus de la dépendance*, Paris, Dunod, 2002.

ENNUYER B., *Repenser le maintien à domicile*, Paris, Dunod, 2006.

Le premier ouvrage constitue une analyse historique et critique de la catégorie de « dépendance ». Le second le prolonge en dressant un état des lieux du secteur du maintien à domicile.

GAULLIER X., *Les Temps de la vie. Emploi et retraite*, Paris, Esprit, 1999.

Composé d'articles, cet ouvrage propose une lecture des transformations qui ont affecté la fin de la vie active.

FELLER E., *Histoire de la vieillesse en France. 1900-1960*, Paris, Seli Arslan, 2005.

Un éclairage historique sur la situation des vieux et les politiques de la vieillesse dans la première moitié du XXe siècle.

GUILLEMARD A.-M., *Le Déclin du social. Formation et crise des politiques de la vieillesse*, Paris, PUF, 1986.

L'auteur construit un cadre d'analyse qui lui permet de rendre compte des orientations successives de la politique de la vieillesse entre 1945 et 1985. L'ouvrage de référence sur le sujet.

GUILLEMARD A.-M., *L'Âge de l'emploi. Les sociétés à l'épreuve du vieillissement*, Paris, Armand Colin, 2003.

À partir de comparaisons internationales, ce livre analyse les situations très diverses que rencontrent les actifs âgés sur le marché du travail et éclaire la spécificité de la « culture de la sortie précoce » qui s'est imposée en France.

MARTIN C. (éd.), *La Dépendance des personnes âgées. Quelles politiques en Europe ?*, Rennes, Presses universitaires de Rennes/ENSP, 2003.

Un tour d'horizon des politiques en direction des personnes âgées dépendantes, en France et en Europe.

PALIER B., *La Réforme des retraites*, Paris, PUF, 2003.

Une synthèse sur les systèmes de retraite des pays développés et les évolutions qu'ils connaissent depuis une vingtaine d'années.

PUIJALON B., TRINCAZ J., *Le Droit de vieillir*, Paris, Fayard, 2000.

ARGOUD D., PUIJALON B., *La Parole des vieux. Enjeux, analyse, pratiques*, Paris, Dunod, 1999.

Deux ouvrages qui interrogent la place des vieux dans notre société : le premier propose une réflexion d'ensemble, le second une exploration de la manière dont leur parole se trouve prise en compte.

VIRIOT-DURANDAL J.-P., *Le Pouvoir gris. Sociologie des groupes de pression des retraités*, PUF, 2003.

Une analyse du développement d'organisations revendicatives de retraités en France et, au-delà, une réflexion sur les liens entre âge et pouvoir.

Numéros spéciaux de revues :

Cahier d'histoire de la Sécurité sociale, n° 1, 2005 (« Regards croisés sur la protection sociale de la vieillesse »).

Sociétés Contemporaines, n° 24, décembre 1995 (consacré à « l'invention des retraites »).

Générations et rapports entre générations :

ATTIAS-DONFUT C., *Sociologie des générations. L'empreinte du temps*, Paris, PUF, 1988, ainsi que ATTIAS-DONFUT C., *Générations et âges de la vie*, Paris, PUF, 1990.

Deux ouvrages sur le concept de génération. On y trouve aussi une présentation des théories du cycle de vie et une réflexion sur le « modèle à trois temps ».

ATTIAS-DONFUT C. (sd), *Les Solidarités entre générations. Vieillesse, familles, État*, Paris, Nathan, 1995.

Un ouvrage collectif qui rend compte d'enquêtes françaises et étrangères sur les solidarités intergénérationnelles et qui s'interroge sur l'articulation entre solidarités publiques et solidarités familiales.

CLÉMENT S., LAVOIE J.-P. (éds), *Prendre soin d'un parent âgé*, Toulouse, Erès, 2005.

PITAUD P. (éd.), *Exclusion, maladie d'Alzheimer et troubles apparentés : le vécu des aidants*, Toulouse, Erès, 2006.

Deux livres sur l'aide familiale à la vieillesse dans des contextes culturels différents : la France et le Québec, pour l'un ; la France, l'Espagne, l'Italie et le Portugal, pour l'autre.

CHAUVEL L., *Le Destin des générations. Structure sociale et cohorte en France au XXe siècle*, Paris, PUF, 2002 [1re éd. 1998].

L'auteur analyse les évolutions sociales du XXe siècle à la lumière des clivages générationnels. Il met ainsi en évidence l'avantage dont ont bénéficié les cohortes nées entre 1936 et 1950.

MANNHEIM K., *Le Problème des générations*, Paris, Nathan, 1990 [1re éd. allemande 1928].
La première réflexion sociologique sur la question des générations. Dans sa postface, Gérard Mauger en propose une relecture du point de vue de la théorie de l'habitus.

Signalons également le site web de l'Observatoire des Générations ainsi que quelques numéros spéciaux de revues :

Informations sociales, n° 134, 2006 (« De génération à génération »).
Communications, n° 59, 1994 (« Générations et filiation »).
Sociétés Contemporaines, n° 10, 1992 (« Solidarités entre générations au temps de la retraite »).
Actes de la Recherche en Sciences Sociales, n° 26-27, 1979 (« Classes d'âge et classes sociales »).

Modes de vie à la retraite et avancée en âge :

ATTIAS-DONFUT C., *L'Enracinement. Enquête sur le vieillissement des immigrés en France*, Paris, Armand Colin, 2006.
Les résultats d'une enquête quantitative qui remet en cause bien des idées reçues.

CARADEC V., *Le Couple à l'heure de la retraite*, Rennes, Presses universitaires de Rennes, 1996.
Une approche qualitative de la transition de la retraite dans sa double dimension identitaire et conjugale.

CARADEC V., *Vieillir après la retraite. Approche sociologique du vieillissement*, Paris, PUF, 2004.
Une lecture sociologique du processus de vieillissement après la retraite, qui mobilise le concept d'identité.

CARADEC V., PETITE S., VANNIENWENHOVE T., *Quand les retraités partent en vacances*, Lille, Presses Universitaires du Septentrion, 2007.

Une exploration de l'expérience des vacances et des voyages organisés à la retraite, fondée sur un double matériau quantitatif et qualitatif.

CLÉMENT S., MANTOVANI J., MEMBRADO M., « Vivre la ville à la vieillesse : se ménager et se risquer », *Les Annales de la Recherche Urbaine*, n° 73, 1996, p. 90-98.

CRIBIER F., « Le maintien à domicile d'une population parisienne très âgée », *Les Annales de la Recherche Urbaine*, n° 73, 1996, p. 99-107.

Deux articles de chercheurs qui ont apporté une contribution importante à la connaissance du vieillissement. Serge Clément et ses co-auteurs analysent le rapport à la ville au cours du vieillissement en se fondant sur la notion de déprise ; Françoise Cribier exploite la troisième vague de son enquête longitudinale auprès de retraités parisiens de 1972, désormais octogénaires.

GUILLEMARD A.-M., *La Retraite, une mort sociale*, Paris, Mouton, 1972.

L'ouvrage pionnier sur les modes de vie à la retraite.

LALIVE D'ÉPINAY C. *et alii* (GUGRISPA), *Vieillesses. Situations, itinéraires, et modes de vie des personnes âgées aujourd'hui*, Saint-Saphorin (Suisse), Éditions Georgi, 1983.

LALIVE D'ÉPINAY C., *Entre retraite et vieillesse. Travaux de sociologie compréhensive*, Lausanne, Réalités sociales, 1996.

LALIVE D'ÉPINAY C., BICKEL J.-F., MAYSTRE C., VOLLENWYDER N., *Vieillesses au fil du temps. Une révolution tranquille*, Lausanne, Réalités Sociales, 2000.

Le premier ouvrage présente les résultats d'une enquête, associant approches quantitative et qualitative, réalisée en Suisse en 1979. Le deuxième réunit des articles fondés sur l'analyse des données de l'enquête précédente. Le troisième décrit les changements intervenus dans les modes de vie des personnes âgées suisses entre 1979 et 1994.

LEGRAND M. (ed.), *La Retraite : une révolution silencieuse*, Toulouse, Erès, 2001.

Un ensemble de contributions qui éclairent les multiples facettes des modes de vie des « nouveaux retraités » de la fin du XXe siècle.

MALLON I., *Vivre en maison de retraite. Le dernier chez-soi*, Rennes, Presses universitaires de Rennes, 2004.
Une étude de la diversité des manières de vivre et de vieillir en maison de retraite, à partir du point de vue des résidents.

PAILLAT P. (ed.), *Passages de la vie active à la retraite*, Paris, PUF, 1989.
DELBES C., GAYMU J., *La Retraite quinze ans après*, Paris, INED, 2003.
Le premier ouvrage rend compte des résultats d'une enquête quantitative longitudinale réalisée, au début des années 1980, pour étudier le passage à la retraite. Le second présente les changements survenus au cours des quinze premières années de retraite.

PENNEC S., LE BORGNE-UGUEN F. (éds), *Technologies urbaines, vieillissements et handicaps*, Rennes, éditions ENSP, 2005.
Un ouvrage collectif qui étudie les répercussions sur les usagers âgés de l'introduction de technologies nouvelles, à domicile et dans l'espace urbain.

VEYSSET B. (en collab. avec DEREMBLE J.-P.), *Dépendance et vieillissement*, Paris, L'Harmattan, 1989.
Une analyse anthropologique, fondée sur des entretiens réalisés avec des personnes de plus de 75 ans.

Parmi les numéros spéciaux de revue, on pourra notamment consulter :
Les annales de la recherche urbaine, n° 100, 2006 (« L'avancée en âge dans la ville »).
Empan, n° 52, 2003 (« Vieillir entre proches et professionnel »).
Cahiers du Genre, n° 35, 2001 (« Vieillir jeunes, actifs et disponibles ? »).
Informations sociales, n° 88, 2000 (« Vieillir : l'avancée en âge »).
Réseaux, n° 96, 1999 (« Communication et personnes âgées »).
Prévenir, n° 35, 1998 (« Formes et sens du vieillir »).
Lien Social et Politiques, n° 38, 1997 (« Les jeunes visages du vieillissement »).
Par ailleurs, il existe, en France, deux revues spécifiquement consacrées à la vieillesse et qui publient régulièrement des études sociologiques : *Retraite et*

Société (on trouvera la liste des numéros et des thèmes abordés sur le site de la CNAV) et *Gérontologie et Société* (cf. le site de la Fondation nationale de gérontologie).

Données statistiques – Ressources électroniques :

Les personnes âgées, Insee, coll. « Insee – Références », 2005 (disponible sur le site de l'Insee).

On consultera également les *Données Sociales*, synthèse éditée tous les trois ans par l'Insee et on prêtera attention aux résultats d'enquêtes publiés par les organismes producteurs de données statistiques sous la forme de lettres d'information, qui constituent de précieuses ressources, disponibles sur Internet : *Études et Résultats* (publication de la Drees, qui réalise notamment un suivi trimestriel de l'APA) ; *Insee Première* (4-pages de l'INSEE) ; *Population et Sociétés* (publié par l'INED) ; *Premières Informations* et *Premières Synthèses* (publiés par la Dares et qui traitent notamment de l'emploi des seniors).

Parmi les ressources électroniques, on pourra également consulter le site du GIP Info retraite qui propose une présentation synthétique du système français de retraite, celui du COR (Conseil d'orientation des retraites) pour ce qui concerne la réforme des retraites, ainsi que le site du réseau thématique « Vieillesse, vieillissement et parcours de vie » de l'Association française de sociologie, sur lequel on trouvera articles, rapports et actes de journées d'études et de colloques.

Index

11010290 - (II) - (1) - OSB80° - STYL - BTT

Imprimerie Nouvelle
45800 Saint-Jean de Braye
N° d'Imprimeur : 429446U
Dépôt légal : Septembre 2009

Imprimé en France